LGBTQを知っていますか？

"みんなと違う"は"ヘン"じゃない

LGBTQを知っていますか？

　　LGBTQとは

L＝レズビアン（女性同性愛者）
G＝ゲイ（男性同性愛者）
B＝バイセクシュアル（両性愛者）
T＝トランスジェンダー（生まれた時の性と心の性が一致せず違和感をもつ人）
Q＝クエスチョニング（自分の性のあり方を探している状態にある人）

以上の5つの言葉の頭文字をとって略したもので、Qを除いてLGBTと表すこともあります。

　性にまつわる場面で、現在の社会の中での「多数派」にあてはまらない、少数派にあたる人々のことを「セクシュアルマイノリティ（性的少数者）」と呼びます。
　LGBTQの人を「セクシュアルマイノリティ」と表すこともありますが、ここで忘れてはいけないのは、マイノリティだからといって「間違っている」とか「特別」ということではない、ということです。
　また、LGBTQの当事者は20人に1人はいるといわれていますから、マイノリティであったとしても決して「身近にいない」わけではありません。
　人はそれぞれ、個性があり、個人の意志で変えることのできない「自分のあり方」を持っているものです。多数派でないこと、みんなと違うことは、おかしなことではありません。
　この本は自分の性のあり方について改めて捉えなおし、自分と違う性のあり方を持つ人のことを知るための本です。

目次

1章　自分ってなんだろう？ 5
- 自分はこれから見つけるもの ……星野 慎二
- セクシュアリティってなに？ ……星野 慎二
- クエスチョニングということ ……長野 香

2章　多様なセクシュアリティ 13
　　　　……日高 庸晴
- LGBTQってなに？
- 性的指向（好きになる性）
  - ・レズビアンについてのQ＆A　・ゲイについてのQ＆A
  - ・バイセクシュアルについてのQ＆A
- 性自認（心の性）
  - ・トランスジェンダーについてのQ＆A
- 揺れるセクシュアリティ
- レインボーフラッグを知っていますか？

3章　LGBT当事者の体験談 35
- ◆ あなたの身近にもきっといる ……星野 慎二
- ◆ 事例・体験談 ― 当事者からのメッセージ ―
  - 寄稿 アメリカのLGBTについて ……鬼塚 直樹

4章　セクシュアルマイノリティが直面する問題　67

- ★ セクシュアルマイノリティの人が抱える悩みとは ……長野 香
- ★ "出会い"のこと ……長野 香
- ★ カミングアウトのこと ……長野 香
- ★ 将来について ……長野 香

医師に聞く 性同一性障害の治療にまつわるQ&A ……中塚 幹也　78

5章　学校現場の先生へ　83

- （1）学校現場におけるセクシュアリティ多様性への対応
　　……福島 静恵
- （2）セクシュアリティの多様性についての理解を広げる学校全体の取り組み ……福島 静恵
- （3）教職員間での意識統一の重要性 ……星野 慎二
- （4）セクシュアルマイノリティの子どもへの個別の対応
　　……福島 静恵
- （5）保護者への対応 ……福島 静恵
- （6）同性愛、両性愛（LGB）の児童生徒への対応 ……福島 静恵
- （7）同性愛、両性愛の児童生徒が巻き込まれやすいトラブル
　　……日高 庸晴
- （8）性別違和（性同一性障害）のある児童生徒への対応 ……福島 静恵

医師に聞く 養護教諭が知っておきたい性同一性障害の基礎知識
　　……中塚 幹也　117

資料編 高等学校でのセクシュアリティ授業例　130

　　さくいん…… 140　　参考文献…… 142
　　あとがき…… 141　　著者紹介…… 143

1章

自分ってなんだろう？

♥ 自分はこれから見つけるもの

● 身体が変化する「思春期」

　皆さんは自分の身体の変化について考えたことがありますか？
　小学校・中学校・高校と、成長するにつれて、身長が伸びたり、体重が増えたり、男子と女子とで身体に明確な違いが出てくるなど、いろいろな変化が起きていると思います。
　その変化が大きく出てくる時期は個人によって異なりますが、一般的に、女子の場合は小学校中学年頃から胸が膨らみはじめ、脇毛や陰毛が生え、初経を迎えます。男子の場合は小学校高学年ごろからペニスが大きくなり、陰毛やひげが生え、声変わりをし、初めての射精（精通）を経験します。
　このように、子どもの身体から大人の身体に成長していく時期を思春期といいます。

● 性別の違いを意識する

　小学校低学年までは身体に男女の差はあまりありませんが、思春期になると、体格や体力において男女間の違いが出てきます。そのため、その人の体格や体力に合わせた授業を受けられるよう、学校では男女に分ける機会が増えてきます。
　例えば、小学校では体育の授業を男女一緒に行いますが、中学校に入ると、ほとんどの学校で男女別となり、体操服も男女違うものになります。制服も男子はズボンで、女子はスカートというように分けられている学校が多くあります。
　また、学校以外の遊びの面でも、男女で違いが出てきます。小学校中学年のころまでは男女関係なく一緒に遊んでいても、

学年が上がるにつれて、例えば「男子は屋外で、女子は室内」「男子はゲーム、女子はショッピング」などというように分かれることが増えてきます。これは多くの場合、男女で趣味や志向も異なってくるためです。

●恋愛を通じて性を意識する

学校の休み時間に、女子同士で「○○君ってカッコいいよね」とか、男子同士で「○○ちゃんってかわいいよな」といった話題で盛り上がることがあります。

また、ある特定の人のことを好きになり、その人と一緒にいると「緊張して目が合わせられない」「すれ違うだけでドキドキする」などといった経験をすることがあります。

このように、好きという気持ちから、自分の好きな人の性別を意識するようになります。

●身体の急激な変化へのとまどい

しかし中には、思春期の身体の急激な変化や、周囲の友人の話題についていけず、とまどったり、友だちと自分を比較して、違う所を見つけては不安になったりする人もいます。男女に分けられることへの違和感を感じていたり、同性の友だちを好きになったりすると、「自分は変なのではないか？」と思い、周囲の人に相談ができず、不安感が増してしまうこともあると思います。

しかし、性別に対する感じ方や、人を好きになる感情は人によって違いますので、無理してほかの人に合わせる必要はありませんし、結論を急ぐこともありません。

そのような「とまどいのとき」にこの本が少しでも参考になれば幸いです。

♥ セクシュアリティってなに？

　みなさんは自分のことを人に伝えるとき、どんなふうに自分を表現するでしょうか？　おそらく、「佐藤裕太・12歳・男」などというように、名前・年齢・性別で表す人が多いのではないでしょうか。
　このような機会で言われる「性別」とは生まれもった身体の性のことを指しています。しかし、身体の性だけで「その人」を表わすことはできません。
　身体の性だけでない、その人自身の性のあり方のことを「セクシュアリティ」といいます。
　セクシュアリティとは、人間一人ひとりの人格に不可欠な要素の集まりです。その要素には、「身体の性」のほかに、自分自身がどうありたいかという「心の性」、好きになる人の性別を表す「好きになる性」、そしてその人自身の社会的役割による「性別表現」の４つがあります。

身体の性	男	女
心の性	男	女
好きになる性	男	女
性別表現	男	女

　これらの性は「男」と「女」と２つに分けて考えがちですが、現実には、明確に「男」と「女」の２つに分けることができないものです。「男」と「女」の間は明確な境界線がなくグ

ラデーションなのです。4つの性について見ていきましょう。

> グラデーションとは？
> 色彩や濃淡が連続的に変化していく状態のもので、明確な境界がない状態を表す。

〈身体の性〉

　生まれもった身体の性のことで、外性器や内性器、染色体などで男女の差がみられます。多くの場合、出生時に身体の性をもとに判断して戸籍上の性別を届け出ます。しかし、中にはDSDs※（Disorders of Sex Development／性分化疾患やインターセックスと呼ばれることもある）という、典型的な男女とは違う発達の仕方をする人もいます。

※DSDsとは、出生時に身体の発達が典型的な男女とは異なっていたり二次性徴が十分に起こらなかったりする、身体の性の様々な発達のことです。医学的な用語では性分化疾患と呼ばれます。1つの疾患ではなく実際には外性器や内性器、染色体など様々な症候群、疾患群の総称です。ただしあくまでも身体的性別に関わることであり、性自認・性的指向を指すものではありません。

〈心の性〉

　性自認（Gender Identity）ともいいます。
　心の性は、自分自身の性別をどう認識しているかというもので、「男性である」、「女性である」または、「どちらでもある」、「どちらでもない」という感覚です。
　そして、この「心の性」は、必ずしも「身体の性」と一致するとは限りません。また、「男」と「女」に二分することもできないもので、明確な境界線がなくグラデーションなのです。
　そのため個人によって最も違いが出てくるところですが、見た目では判断がつかないこともあり、言葉にして表すのが難しいのです。

〈好きになる性〉

　恋愛や性愛の対象となる人の性で、自分が「男性を好きになるか」「女性を好きになるか」という性的な意識です。性的な意識が向く方向という意味の、「性的指向（Sexual Orientation）」という言い方もします。

　好きになる人の性についても、「男」と「女」に分けることはできません。男女の両方を好きになる人もいますから、明確な境界線がないのです。

〈性別表現〉

　みなさんはお父さんやお母さんから「男の子なんだから、めそめそしない」「女の子なんだから、おしとやかにしなさい」などと言われたことはありませんか？　これは社会的に期待されている役割（服装や振る舞い）のことで「性役割（Gender Role）」ともいいます。性別表現とは、本人が望む役割（服装や振る舞い）のことを言い、これは必ずしも求められる性役割と一致するとは限りません。

●自分を見つめなおす

　一人ひとりのセクシュアリティは、「身体の性」「心の性」「好きになる性」「性別表現」の4つの要素で形成され、そのそれぞれの性は「男」「女」と明確に分けることができないことを知っていただけたでしょうか。

　思春期の時期はほかの人と違うことに不安を感じて悩んでしまうこともありますが、"みんなと違う"ことは"ヘン"なことではありませんし、セクシュアリティは一人ひとり異なるものなのです。これからじっくり時間をかけて、自分自身のセクシュアリティを見つけていってください。

♥ クエスチョニングということ

● 揺れたり迷ったりしながら「自分自身」を見つけていく10代

　10代は、心も体も大人へと大きく変化していく時期です。それでなくても、それまでの自分自身が変化していくことに、とまどったりすることが多い時期ですが、セクシュアルマイノリティの人にとっては、自分と周りの友だちとの違いを強く意識したり、自分自身に対する違和感が強くなったりすることが多いのです。

　身体が大人へと変わっていくときに周りと同じような二次性徴がなかなかみられなかったり、性別への違和感が強くなったり、好きな相手ができたときにそれが異性ではないことに気づいてとまどったりすることもあるかもしれません。

　セクシュアリティを10代の頃にはっきり自覚する人もいますが、迷ったり揺れたりする人もたくさんいます。この時期にセクシュアリティについて、気持ちや感覚が揺れることはおかしいことではありません。すぐに決めつけずに、時間をかけてゆっくり考えていきましょう。

　セクシュアリティは変化したり揺れ動いたりすることもありますが、その人自身や周りが無理に別の方向に変えようと思っても変えられるものではありません。自分自身のあり方をゆっくり見つけていけばよいのです。

● クエスチョニングという状態

　セクシュアリティを表す言葉のひとつに「クエスチョニン

グ」というものがあります。クエスチョニングというのは、自分のセクシュアリティがわからない、迷っている、どこかに分類できない、決めたくない、という人やそういった状態のことをいいます。

　自分のセクシュアリティに気づき始めたときに「自分が周りと何となく違う気がする、でもこれがどういうことなのかはまだよくわからない」などという気持ちになることは10代には少なくないことです。

「同性が好きかも知れないけど、友情の延長なのかもしれない」「自分の性別に何となく違和感があるけれど、はっきり別の性別になりたいというのとは、ちょっと違う」そんな風に自分自身が何なのかよくわからないとき、もやもやしたり、心配な気持ちになったりするかもしれません。

　困ったことがあったり、一人ではつらかったり、解決できそうにないなと思ったら相談できそうな人を見つけてみましょう。身近な信頼できる大人の人に話したり、電話相談などのサポート（p.77参照）を利用する方法もあります。

　セクシュアリティはその人の全てではありませんが、その人を構成する大切な要素の集まりです。自分のセクシュアリティはどんなものなのか、自分自身はどんな存在なのか、時間をかけてゆっくり探していきましょう。

2章

多様なセクシュアリティ

🌼 LGBTQってなに？

　男性であれば女性を、女性であれば男性をというように、恋愛の対象として好きになるのは異性であることが当然のことだと多くの人が思っているでしょう。そのような、異性を好きになる人のことを異性愛者と呼びます。しかし実際には、同性を好きになる人もいれば異性と同性の両方を好きになる人や、いずれも好きにならない人も存在します。また、自分自身のもって生まれた「身体の性」と自分自身が認識する「心の性」が一致していないような感覚や違和感を抱きながら日々の生活を送っている人たちも存在しています。
　そのようなセクシュアルマイノリティ（性的少数者）の代表的な呼称として、LGBT あるいは LGBTQ といった言葉をテレビや新聞などで見聞きすることが増えていることと思います。
　これは、Lesbian（レズビアン：女性同性愛者）、Gay（ゲイ：男性同性愛者）、Bisexual（バイセクシュアル：両性愛者）、Transgender（トランスジェンダー：身体の性別と心の性別に違和感や不一致を感じる人のこと）、Questioning（クエスチョニング：性的指向や性自認がはっきりしない、決められないあるいは悩んでいる状況にある人）の頭文字をとった略称です。
　この章では LGBT の人々を知る上でその前提となる性的指向や性自認といった概念について、より詳しく解説するとともに、様々なセクシュアリティについて紹介していきます。

性的指向（好きになる性）

　年齢や学年が上がるにつれて、周囲の友だちとの関係性も親密なものになっていきます。その中で、友だちへの感情とは異なる恋心や恋愛感情を伴った「好き」という感情に気付く人が多くいると思います。異性に対して好感を抱く場合や、同性に対して、両性に対して、好きになる気持ちはさまざまで、そのどれもがおかしなことではありません。人を好きになって自分の気持ちを表現して人間関係を構築していくことは、とてもステキなことです。

　「性的指向」とは恋愛や性的な関心の対象がどの性別に向かっているかを表すことであり、英語では Sexual Orientation（セクシュアル　オリエンテーション）と表記します。

　性的指向は、自らの意思や治療によって修正・改変できるものではないと考えられているため、食べ物やお酒の好みを表現するときに用いられる「嗜好」や自らの意思に基づく「志向」という文字ではなく、ある特定の方向・目的に向かうという意味をもつ「指向」を使って「性的指向」と書きます。

●異性愛

　男性であれば女性に、女性であれば男性に対して恋愛感情や性的関心を抱くことをいいます。そして、このような性的指向をもつ人を異性愛者、ヘテロセクシュアル（Heterosexual）と呼びます。教科書では「思春期になると異性に関心を抱く」などと記載されていることが多くあります。世の中の9割以上は異性愛者であると推定されており、現在の日

本社会は誰もが異性愛であることを前提に構築されているともいえます。

異性愛者であればそれが当たり前なので、異性に対して恋愛感情などをもつことを疑問に思わないかも知れません。しかし、実際は両性や同性が対象となる人も存在しているため、異性愛以外の人にとっては、違和感や生きづらさを感じるような社会の側面があることも事実です。その現状に教科書や学校の授業が追いついていないともいえるでしょう。

●両性愛

男性と女性の両方の性別を恋愛や性的対象と認識することをいいます。そして、このような性的指向を持つ人を、両性愛者、バイセクシュアル（Bisexual）と呼びます。バイセクシュアルの中には、自分は恋愛や性的対象となる人の性別にあまりこだわらない、と表現する人もいます。

略してバイと呼ぶこともありますが、短縮した呼び方には差別的意味合いが付与されることもあるため、バイセクシュアルという呼称が一般的です。

●男性同性愛

男性で男性を恋愛や性的対象となると認識していることをいいます。そして、このような性的指向をもつ人を、男性同性愛者、ゲイメン（Gay Men）、ゲイ男性と呼びます。

テレビに登場するゲイの一部には女装をしている場合や女性的な言葉で話す人もいますが、そういった人もいれば、そうでない人も多くいることに理解が必要です。メディアでは単純化・固定化されたステレオタイプなイメージや情報がより多く流れる傾向があるので注意が必要です。

●女性同性愛

女性で女性を恋愛や性的対象とすることをいいます。そして、このような性的指向をもつ人を女性同性愛者、レズビアン（Lesbian）と呼びます。レズビアンは男装をしていたり男っぽい言葉づかいをしたりしていると思っている人もいるかもしれませんが、実際はほかの性的指向を持つ人と同様に様々な人がいます。

●無性愛

恋愛や性的な感情を誰に対してもあまり感じない性的指向のことで、一定数存在します。無性愛者、アセクシュアル（A-sexual）と呼ばれています。

異性愛者が同性に、ゲイ・レズビアンが異性に対して恋愛や性的な感情をあまりもたないように、アセクシュアルの人は誰に対してもそういった感情を持たないのではないかと考えられています。

世の中は恋愛をして性的な感情をもつことが当たり前という風潮にありますが、人間関係のもち方はそれに終始せず、様々な形態があることを知っておきましょう。

レズビアンについてのQ&A

Q.1 自分は男の子が苦手で女の子の方が好きです。これってレズビアンなのでしょうか？

A．思春期の頃には、異性と話すより同性と話すほうが気楽だったり、友人を独占したいと思ったりすることがありますよね。そういう気持ちの人が「自分は恋愛感情として女性が好きなんだな」とだんだんはっきりしてくる場合もあれば、「あのときはああいうふうに思ったけれど、恋愛感情としては男性が好きだな」と思うようになる場合もあります。レズビアンかもしれないし、そうじゃないかもしれない。急いで結論を出すことはしないで、自分の気持ちに寄り添って過ごしていくうちに、少しずつ答えが見えてくるのではないでしょうか。**（社会人　レズビアン）**

Q.2 レズビアンの人は男性が嫌いなんですか？

A．男性が嫌いだから女性を好きになるわけではありません。レズビアンの人は恋愛感情が女性に向いているというだけで、男性の友だちや知り合いがたくさんいる人もいます。友だちとしてどういう性別の人と一緒にいるのが過ごしやすいかということと、恋愛対象としてどういう性別の人にひかれるのかというのは、別のことです。**（社会人　レズビアン）**

> **MEMO**　「レズ」という呼び方には差別的な意味合いが含まれていて、こうした言葉によって傷つく人もいます。できるだけそういった呼び方は使わないようにしましょう。ただし、どんな呼び方がいいのかは人によって違います。

ゲイについての Q&A

Q.1 女装する人は多いですか？

A. 多くのゲイはそれぞれが置かれた状況の中、ほかの人たちと同様に日々の生活を真面目に送っています。オネエ言葉を使って自虐的なネタで人を笑わせたりするのは、ゲイの人たちの間で生まれた一つのコミュニケーションツールのようなものかもしれません。女装もそのひとつで、ゲイ文化のひとつとして、イベントでのパフォーマンスや余興的な意味合いで自ら楽しんいるゲイもいますが、多くのゲイは日常生活で女装はしていません。

多様な生き方をしてる人がメディアに出てその存在を多くの人が知ることは、とても良いことだと思いますが、ときに笑いの対象とされていたり、ネタ的な存在として扱われると心が痛みます。

また、女装や女性的な言葉づかいでメディアに出ている、いわゆるオネエタレントと呼ばれる人たちの中には、ゲイやトランスジェンダー、異性愛者など、実は異なるセクシュアリティの人も含まれているので、混同してしまうことがないようにして欲しいです。**(社会人　ゲイ)**

MEMO 最近はトランスジェンダーも異性愛者による女装もすべて一括りにして「オネエ」と呼ばれていますが、多くの場合、バカにしたり笑いものにするような言い方であり差別語[※]です。こういった言葉によって傷つく人がいるということを知りましょう。

また、文化祭の演劇などで、女装をして笑いをとることがありますが、そのような企画がある際は、誰かをおとしめて笑いをとることになっていないか、HRなどで話し合ってみてください。

※「ホモ」という呼び方も差別的な意味で使われることが多いため、使わないようにしましょう。

バイセクシュアルについての Q&A

Q.1 同性と異性、どちらがより好きか違いはありますか？

A．バイセクシュアルの人は性的指向が同性と異性の両方に向いています。しかし、どちらの性別をより好きになるかといったことは人それぞれであり、バイセクシュアルの人はこういう恋愛をするものだといった、画一的なことはありません。（社会人　バイセクシュアル）

Q.2 「一度だけ異性と付き合ったことがあるけど今は男性（同性）が好き」という場合もバイセクシュアルなのでしょうか？

A．個人差があるので一概に言えませんが、その一度だけの時期は自分自身の性的指向がわからずにいたクエスチョニングの状態だったのかもしれません。あるいはこれから先にまた異性を好きになるかもしれません。

　自分は絶対に異性愛者だと断言できる人もいるかもしれませんが、どの性を好きになるかということに厳密な境目をつける必要はありません。年齢によってあこがれる相手や好きになる相手が異性であったり同性であったり流動的な人もいます。それはおかしなことではありません。そのときどきに好きになった自分の気持ちと相手への気持ちを大事にしていきましょう。
（社会人　バイセクシュアル）

> **MEMO** バイセクシュアルの人に対して、男も女も好きになれて人生２倍楽しいな！ といった、からかうような言い方をする人がいますが、こうした言葉に傷つく人がいます。また、バイと省略することなく、バイセクシュアルと言う方が丁寧です。

同性愛の脱医療化・病理化

　かつての医学界において、同性愛は異常性欲、性的倒錯あるいは性的逸脱であると考えられ、「同性愛は病気であり、治療で異性愛に治すことが必要である」と長い間捉えられていました。

　しかし米国の当事者団体からの激しい抗議を受けて1973年に米国精神医学会は「精神障害の診断と統計の手引II（DSM-II）」から精神病理としての同性愛を削除しました。

　1992年には、世界保健機関（WHO）も「国際疾病分類改訂版第10版（ICD-10）」において「同性愛はいかなる意味においても治療の対象とはならない」と宣言を行っています。

　これによって医学の世界で同性愛はもはや異常として捉えられることは公にはなくなり、治療が必要であるという見解もなくなっています。

　しかし、同性愛の脱病理化に対する認識はまだまだ十分とは言えません。例えば、日高が5,979人の教員を対象に実施した質問紙調査（http://www.health-issue.jp/f/）を見ると、「同性愛は精神的な病気のひとつだと思いますか？」という質問への回答として、そう思う（5.7％）、わからない（25.1％）を合わせると教員の約3割が正しい知識をもっていませんでした。また、「同性愛になるか異性愛になるか、本人の選択によるものだと思いますか？」では、そう思う（38.6％）、わからない（32.8％）であり、約7割の教員が誤解している状況であることがわかっています。

性自認（心の性）

　性自認とは、自分の性別がどの性別に属しているかの認識や自覚のことで、英語では Gender Identity（ジェンダーアイデンティティ）と表します。「自分は男だ」、「自分は女だ」と思う人もいれば、「男だと感じる時もあるけれど、女だと感じるときもある」という人もいます。また「男でも女でもない」と感じる人や、性自認がはっきりと定まっていないと感じたり、一定しないと考えたりする人もいます。

●トランスジェンダー

　多くの人は生まれたときの身体の性別と性自認（心の性）が一致していますが、そこに違和感を持ったり一致していないと強く感じたりする人がいます。そのような、身体の性別とは異なる性別を生きる人、生きたいと望む人のことをトランスジェンダー（Transgender）といいます。生まれた身体の性が男性、性自認が女性の場合をMTF（Male to Female）、生まれた身体の性が女性、性自認が男性の場合をFTM（Female to Male）と呼ぶこともあります。

　日本では性同一性障害という言葉が定着していますが、これは Gender Identity Disorder の訳語であり、米国精神医学会の診断基準に盛り込まれている疾患名です。しかし2013年に Gender Dysphoria に変更され、日本では性別違和という訳語も最近使われるようになっています。この本では世界的に最も使われているトランスジェンダーという呼び方で説明します。

トランスジェンダーの人の中には、24時間、生活のすべての局面において異なる性別で生きたいと思う人もいれば、限定的という人もいます。学校生活でいえば、望む性別の制服を着ることを強く望む場合もあれば、ジャージやカーディガンでの登校ができればいいという場合もあるということです。つまり、ニーズは個別的で多様であることに理解が必要です。加えて、性別に基づく表現のありようも人それぞれですから、望む性別の服装やその表現方法や社会的役割を日常生活にどの程度求めるか、身体の性別と性自認の違和感の程度などによって異なってきます。
　こうした人たちを指す言葉として「性同一性障害」という用語を聞いたことがあるかもしれません。これは医学的な用語で、医師の診察を受けて診断されるものです。性別に違和感が強い人の場合、医師の診断を受けた上で、ホルモン剤の投与や性別適合手術を受ける人もいます。
　ただし、すべてのトランスジェンダーが服薬や手術をしていたり、それを希望しているわけではありません。
　また、性的指向と性自認は別のものですから、トランスジェンダーにおいても、性自認から見た異性を好きになることもあれば同性や両性を好きになることもあります。

性同一性障害の治療について

性同一性障害の治療は、一般的に（1）精神療法、（2）ホルモン療法、（3）手術療法（外科的治療）の3つの段階を順番に進めていきます。

（1）精神療法
精神科を受診し、日常生活の状況（精神的、社会的、身体的苦痛の状況や、生活で困っていることなど）について詳しく話をします。

（2）ホルモン療法
十分な精神療法を行った後も、身体の性と性自認（心の性）の不一致に悩み、身体的特徴を心の性にあわせたいと希望する場合に行います。

ホルモン療法を行うためには、十分な検査や副作用についての理解、年齢は満18歳以上であること※など、いくつかの条件があります。

※ 2012年に発表された日本精神神経学会「性同一性障害に関する診断と治療のガイドライン（第4版）」では、男性、あるいは女性としての身体の特徴が顕著になる前に、そのような二次性徴を抑えるホルモン療法について言及しています。
ガイドライン全文　https://www.jspn.or.jp/uploads/uploads/files/activity/journal_114_11_gid_guideline_no4.pdf

（3）手術療法（外科的治療）
外科手術によって身体を心の性に近づける手術療法です。手術療法を行うためには、十分な精神療法およびホルモン療法が行われていることや、年齢は20歳以上であることなど、いくつかの条件があります。

→詳しくは p78「性同一性障害の治療にまつわる Q&A」

トランスジェンダーについての Q&A

Q.1 どういうきっかけで心の性に気づくのですか？

A．これは人それぞれだと思います。物心ついたときから「成長とともに、自分が思う、なりたいと望んでいる性になるんだ」と思っていたという人もいるし、中学生になって、自分の心の性と異なる制服を着るのがすごく嫌で性別の違和感を持ち始めたという人もいます。自分の場合は、中学生の頃に女の子が好きになって、でも女として女性が好きっていう感じと違うな、と考え始めたのがきっかけでした。（社会人／FTM）

Q.2 トランスジェンダーで同性愛者、ということもあるのですか？

A．あります。自分の場合、FTMで戸籍も女性から男性に移行しているため「男性として女性を好きになる異性愛者」だと思われがちですが、実は恋愛対象として男女どちらが好きかは未だに定まっていません。どちらとも付き合ったことがあるので、もし分類分けをしたらバイセクシュアルかもしれません。性自認と、好きになる性（性的指向）はまた別のものなんです。（社会人／FTM）

MEMO 生まれた身体の性が男性、性自認が女性の場合をMTF、生まれた身体の性が女性、性自認が男性の場合をFTMと表現することはp.25の通りです。しかし「生まれた身体の性は男性もしくは女性であっても、性自認は男性でも女性でもない性別（X／エックス）である」と表明する人たちもいて、このような人の場合はMTX、FTXあるいはXジェンダーと表現します。

揺れるセクシュアリティ

　ここまで「性的指向」と「性自認」のお話をしてきましたが、思春期の時期には、それがはっきりと定まらない人も少なくありません。自分で自分の気持ちがわからず、不安を感じることもあるかもしれませんが、思春期はそのように悩みながら自分を見つけていく時期でもあるのです。

● クエスチョニング

　性的指向や性自認がはっきりしていない場合や、定まっておらず揺れ動いていたり、どちらかに決めたくないなと感じたり、性的指向や性自認がそもそもよくわからないような気がする、典型的な男性や女性ではないと感じるなど、特定の枠にあてはまらない人やその状況のことです。

　例えば、中学生のときに同性に関心のある自分自身に気付くとします。この関心というのはとっても仲の良い友達に対する友情という感情なのか、いわゆる友情よりはもっと強い思いなのか、恋愛感情なのか、恋愛感情であるならば自分は同性愛なのかどうなのか、いったいなんなのだろうかと深く考え悩むかもしれません。同時に異性に対しても恋愛感情のような恋心を抱くことがあったとします。この場合、同性と異性の両方に関心があることになり両性愛なのではないかと考え込むかもしれません。同性愛なのか両性愛なのかあるいはそのどちらでもないのか、そういった自分の気持ちがモヤモヤしながら行ったり来たりしている時期を「クエスチョニング（Questioning）」と捉えることができます。

🌸 レインボーフラッグを知っていますか？

　レインボーフラッグは、LGBTQ をはじめとするセクシュアルマイノリティの活動のシンボルとして使われている旗であり、セクシュアルマイノリティの権利やプライドを示す象徴として親しまれています。日本を含め世界中で使われており、とりわけ欧米諸国では毎年6月をセクシュアルマイノリティのプライド月間と位置づけ、プライドパレードなどの行事が盛大に開催され、パレード開催都市のメインになる通りはレインボーフラッグで埋め尽くされます。

　レインボーフラッグは1970年代頃から使われ始めたといわれていて、8色であったり7色であったり時代とともに変化してきていますが、現在では上から順に赤、橙、黄、緑、青、紫の6色で構成されているものが使われ

代々木公園（東京都）でのLGBTをはじめとする多様なセクシュアリティの人々を応援するイベントの様子。

ています。レインボーフラッグの大きさは大小様々あり、屋根の上で風にたなびく特大サイズのものもあれば、胸元にピンバッジとしてつけることができるような小さなサイズもあります。

　最近では、LGBTQ フレンドリー※なことを表現するための方法として、街中のカフェやレストラン、ホテル、ショッ

ピングセンター、アーケードなど、様々なところでレインボーフラッグが飾られる場合があります。その形状は布だけではなく、ステッカーであったりバッジであったりいろいろです。LGBTQ当事者が自分たちの権利やプライドを示すだけでなく、彼らを取り巻く周囲の人からの応援を表明する方法としても、レインボーフラッグは役立っています。

※LGBTQに理解があり、受け入れようとする姿勢を持っていること。

特定非営利活動法人SHIPの窓にもレインボーフラッグが飾られています。

自分の周りにはいない、と思っていませんか？

　もしあなたが異性愛者だとしたら「どうして自分は"異性"を好きになるのか？」という、性的指向について深く考えたことはないかもしれません。この本を読むまで、世の中全員が異性愛者であると思っていたかもしれませんし、レズビアンやゲイ、バイセクシュアルが存在したとしても、それはテレビや漫画など、特別な世界のことであって、自分たちの日常生活で出会うことはないと思っていたかもしれません。

　また、自分自身の感じる「男らしさ」「女らしさ」とは少し違う人に対して、からかいやバカにするような意味合いで「（男なのに）女みたい」「（女なのに）男みたい」あるいは「ホモ・おかま・オネエ」「オナベ・おとこおんな」などといった言葉を使ったことはないでしょうか。そして、そのような言葉を使うことで、誰かを傷つけている可能性があることを考えたことはあったでしょうか。

　セクシュアルマイノリティの人は、20人に1人はいるといわれています。もしかしたらあなたの身近にもいるかもしれませんし、あるいはあなた自身がこれから先、自分のセクシュアリティに向き合い、じっくり考えるときが来るかもしれません。

　人はみんな同じではなく、少しずつの違いをいくつももっています。人は違って当たり前であり、その違いが個性につながり、世の中を豊かにしているのです。誰にとっても、安心して自分らしくいられるような社会にするためには何ができるのか、考えてみてください。

3章
LGBT当事者の体験談

◆ あなたの身近にもきっといる

　これまで読んできてくれた人には「セクシュアリティは人によって様々である」ということがわかってもらえたかと思います。
　セクシュアルマイノリティの人は、約20人に1人はいるといわれていますから、あなたもきっと、学校の中や街の中ですれ違ったり、話をしたりしたこともあるはずです。「自分は会ったことがない」と思う人もいるかもしれませんが、それは相手が隠していたり、見た目ではわからなかったりすることで、なかなかその存在に気づいていないだけなのです。
　私は普段、中学校や高等学校などでセクシュアルマイノリティについて理解を深めるための講演会を企画しており、当事者の人に体験談を話してもらうことがあります。そのような場で当時高校生だったゲイの男の子が語った「皆さんは『自分の身の回りにセクシュアルマイノリティの人はいない』と思っているかもしれませんが"いない"のではなく"言えない"んです」という言葉がとても印象に残っています。
　近年では彼のように、講演などでメッセージを伝える当事者も増えつつありますが、日本におけるセクシュアルマイノリティの人の多くは、周囲の人に自分のセクシュアリティのことを言わずに過ごしています。
　では、このような人たちは、普段どこでどんな生活をしているのでしょうか？
　この章では、いろいろなセクシュアリティの人に聞いた、セクシュアリティに気づいたときから現在までの体験談を紹

介しています。

●変わりつつある社会

　日本の学校や一般社会では未だセクシュアリティをオープンにすることは難しいですが、近年はテレビや新聞などでLGBTQの話題が増えて、可視化されるようになってきました。

　2015年渋谷区では「渋谷区男女平等及び多様性を尊重する社会を推進する条例」が成立し、それに基づき、同性同士のパートナーシップ証明書の交付が始まりました。世田谷区でも宣誓書方式の同性間のパートナーシップ証明書の交付が始まり、また宝塚市、横浜市など他の自治体も、性的マイノリティ支援の検討をはじめています。

　2015年6月にはアメリカ連邦最高裁判所が同性婚を憲法上の権利として認めるとする判決を示しました。p.62からは、そのアメリカの現状について、サンフランシスコに住むゲイの日本人に伺った話を掲載しています。

✉ 当事者からのメッセージ①

> **T** トランスジェンダー（FTM）　**ハルキさん／高校1年生**
>
> 「戸籍と身体は女、心は男です」と自己紹介してくれたハルキさんが初めて性別を意識したのは小学校3年生の頃。それまでよく遊んでいた男友だちがだんだんと自分を誘ってくれなくなっていく反面、女の子たちから遊びに誘われることが増えたことが原因でした。

ハルキ　小学生の頃は、好きな男の子やかわいいものについて話す「女の子たちの会話」についていけないなというのが主な悩みで、その原因が性別であることをあまり自覚していなかった気がします。なんとなく、大きくなったら男になると思っていました。

―― 自分の性別に違和感を感じたきっかけは？

ハルキ　中学校の制服です。女子用の制服を着なければならないということにすごく抵抗を感じて、毎朝20〜30分もかけて着ていました。
　そんな状態でどうにか1年間は通ったものの、2年になったときに（制服を着ようとすると）吐くようになってしまって、学校に行けなくなりました。
　そして、学校を休んでる間にネットで自分の違和感について検索をしていて初めて「性同一性障害」のことを知ったんです。「あ、自分はこれなんだ」と思いました。

―― 学校を休むようになった理由について、家の人と話しましたか？

ハルキ　最初は「友人関係がうまくいかなくて」と説明していました。でも母親は、なんとなく「違うな」って気づいていたみたいです。

　その頃、母親と一緒にカウンセラーの人に会いに行く機会があって、カウンセラーの人には自分の気持ちについて相談していました。

　その後、高校を選ぶタイミングで、カウンセラーの方を交えて母親にカミングアウトしました。

―― **お母さんの反応はどうでしたか？**

ハルキ　「なんだ、そんなことだったの」と言って泣いていました。

　長らく学校を休んでいたので、何かあるなということは薄々気づいていたけれど、その何かが「性別に対する違和感」であることに、驚くというより、理由がわかってほっとしたようでした。

　自分はずっと「娘」として親と接していることが、うそをついているような気持ちでつらかった。死にたい気持ちになることもありました。

　でも母親は「男でも女でも自分の子どもにかわりはない」と言ってくれました。母親という一番身近な存在に受け入れてもらえたことは、自分に安心感を与えてくれました。

　いま名乗っている「ハルキ」という名前も、母親が一緒に考えてくれたんです。

―― **お母さん以外の人にカミングアウトをしたことはありますか？**

ハルキ　中学の頃のクラスメートに伝えたことがあります。
　相手は学校を休んでいた間も遊んだりしていた友人で、卒業式の少し前、自分が学校を休んでいたことにはこういう理由があるんだ、と説明しました。すると彼女は「話してくれてありがとう」と言ってくれたんです。すごくうれしかった。

──高校生活について教えてください。

ハルキ　制服がないことを第一条件に選び、現在は定時制高校に通っています。
　入学が決まったとき、高校の養護教諭の先生と、学年主任の先生と面談をして、トイレの使い方についてや更衣室は保健室を使えるようになどを、相談して決めました。
　定時制高校には外国の方も多いので、入学時に「希望する通称名」っていう欄があるんです。ここに、戸籍上の名前じゃない、ハルキという名前を書いてOKをもらえたのはうれしかったです。
　ただ、やっぱり性同一性障害について、知識のある先生がいる反面、ない先生もいるんですよね。
　知識がある先生は、「なんて呼べばいいかな」って聞いてきてくれたり、皆と違うトイレを使うことについてなにも言いません。変に気を使わず、普通に接してくれます。
　でも、自分に対して「女の子なんだから」と言ってきたり、自分のことを指して「彼女は〜」と言ったりする先生もいます。担任がそういう先生なので、養護教諭に相談して、話をしてもらったのですが、翌日いきなり授業で脈絡もなく「同性愛について」というテーマで話を始めたりして……。全然

わかっていないんだなって思いました。

　クラスメートについてもそうですね。自然に受け入れてくれる人もいれば、いちいち「女なんだから女らしくしろ」って突っかかってくる人もいます。

　LGBTについて「そういう人がいるんだ」ってことを、まず知ってほしいなと思います。

―― 将来の目標などはありますか？

ハルキ　まず「自分の身体を元に戻したい」と思ってます。自分は服装も男なので、対面した人に「どっちかな」って胸と喉仏を見られることがすごく多いんですよね。だからはやく「元に戻りたい」って思っています。

　ただ親のお金で手術をしたくないので、今はお金をためています。そして、戸籍上でも男でいられるようにしたいですね。

　それから、大学に行きたいです。将来は、自分が初めて悩みを打ち明けた、中学生の頃に出会ったカウンセラーさんのように、悩んでる人に寄り添える存在になりたいです。

―― 最後にメッセージをお願いします。

ハルキ　同窓会とかで久しぶりに会ったら、昔は女だと思っていた人が男になっていたとかその逆とか、そういう場面で周りの人が「なんだ、そうだったんだ」って受け入れられるような社会になったらいいなと思います。

当事者からのメッセージ②

G ゲイ　エクさん／高校3年生

　エクさんが同性を好きかもしれない、と感じたのは中学生の頃のことでした。しかし、当時はそれがどういうことなのか、知ろうとしていなかったそうです。そして、初めての失恋の後「自分ってなんなんだろう？」という思いから、同性愛について調べ始めました。

エク　中学生の頃は、同性が好きかも知れない、と思いつつ、告白してくれた女の子と付き合ったこともありました。でも何かしっくりこなくて、別れてしまいました。

　その後、高校生になって初めて男性（学校の先輩）と付き合うことになって、すごく楽しかったんです。それで自分はやっぱり同性が好きなんだな、と思いました。

――付き合っていた先輩とはセクシュアリティについての話をしていましたか？

エク　2人でセクシュアリティの話をしたことはほとんどなかったと思います。

　付き合い始めたきっかけは、先輩から「付き合おう」と言ってくれたことでした。でも、先輩は周囲の人に知られないよう、秘密にしていたいのに、自分はその気持ちをくみ取れず、舞い上がってしまったところがありました。それが原因になってしまったのか、先輩の卒業の頃に別れることになったんです。

　すごくショックで、しばらく精神的に不安定になってしまいました。

そしてやっと「自分って何なんだろう」ということを知ろうと思って調べ始め、自分はゲイだと自覚しました。

——**セクシュアリティを自覚したときはどのように感じましたか？**

エク　初めは、周囲の「ホモ」とか「気持ち悪い」とかいう発言が、自分に向けられている気がしてつらかったです。周りは敵だらけだなって思ったこともありました。
　でも、自分のセクシュアリティに気づいて「SHIP」※1というNPOに行ったことをきっかけに、意識が変わりました。
　SHIPの活動の一環で自分の体験を人に話す、という経験を重ねて、だんだんと自信をもてるようにもなりました。それから、活動を通して同年代のセクシュアルマイノリティの友人ができたことで、普段学校などでは話せないようなことを話せるようになったのもうれしかったです。

——**自分の体験を語る中でよく受ける質問などはありますか？**

エク　中学校や高等学校の公開授業で、自分と同年代の人たちと話をする機会があるんです。そういう、LGBT当事者ではない人と話す場では「恋人はいるのか」とか「好みのタイプは？」なんて質問が多いですね。
　それからTVに出ている「オネエキャラ」の人たちを見ての質問だと思うのですが「女装するんですか？」っていう質問もよく受けますね。※2
　そういうときは「自分は女装をしたいと思ったことはない

な」と答えているんですが、やっぱりメディアの影響は大きいんだな、と思います。実は自分も、以前は「ゲイの人は女装をしているものだ」というようなイメージを持っていましたから。でも実際は、そんなこと全然ないんですよね。

　TVに出ている「オネエキャラ」の人たちはそういう「キャラクター」を演じているところもあると思います。でもそれによって「ゲイ＝女装の人」という誤解が広まっているのも事実だと思っています。

　そして、そういう番組を見ている親の反応が嫌そうだったり、他人事だったりするのを見るたびに、親には自分のことを言えないな……と思っています。

――誰かに自分のセクシュアリティについて伝えたことはありますか？

エク　中学校の頃からの友人や弟には伝えています。

　それから、高校にスクールカウンセラーの先生が週1で来ているのですが、SHIPに行こうか迷っていた頃、背中を押してくれたのはその先生でした。

　そのほかにも、高校の養護教諭の先生はすんなり受け入れてくれてうれしかったです。でも、中学校のときの養護教諭の先生は、言葉のはしばしから「言っても理解してくれないだろうな」という印象があって伝えませんでした。先生にもいろんな人がいるな、と思います。

　それから、友人として信頼していた人にカミングアウトして、距離を置かれた、ということもありました。そのときはつらかったですね。

―― **将来の目標などはありますか？**

エク　学校の授業って基本的に異性愛が前提ですよね。そういうのが嫌だなと思っていて、傷ついている子もいると思うんです。
　なので、まだ具体的には決めていませんが、学校の先生になって、多様な性を伝えることができたら、と考えています。
　それからいつかはパートナーと出会って結婚できたらいいな……とも考えています。でもそうなったら親にも伝えなくてはいけない、と考えると、複雑です。親に伝えるということはまだ考えられません。

※1　http://www2.ship-web.com
※2　p.20 参照

✉ 当事者からのメッセージ③

L レズビアン　　なつさん／社会人

「自分の場合は、思春期の頃に"好きに性別は関係ない"という考え方に出会ったので、自分がレズビアンであることで葛藤したことは、あまりないかもしれません」そう話してくれた、なつさんは、現在臨床心理士として働く社会人で、4年前にはパートナーと"結婚式"を挙げました。

なつ　　中高一貫の女子校に通っていたのですが、そういう環境では校内に好きな人（つまり同性）がいることは珍しくなく、セクシュアルマイノリティに対する偏見みたいなものをもっている人が、周囲に少ない思春期をすごしました。そのような環境にいたため、当時は自分が女性を好きなことに、疑問を感じたことはあまりなかったんです。比較的性教育に熱心な学校で、学校で配られた冊子にセクシュアルマイノリティについてのページがあったりしたのも関係あるかもしれません。

　ただ、大学に進学して、女の子たちが恋愛話をしている中で、その対象として女性の話をしたら「もしかして"レズ"なの？」なんて言われたこともありましたね。「私を狙わないでよ」なんて言う人もいました。

―― 当時、同性を好きだと言っていた中高の同級生の方もレズビアンなのでしょうか？

なつ　　中にはそういう人もいると思いますが、当時同性を好きだった同級生たちが皆、その後も同性を好きだったわけ

ではありません。ただ、当時は「好きになったのがたまたま女性」くらいに考えている子が多かったような気がします。

—— ご両親にも早い段階でカミングアウトされたのですか？

なつ　自分が大学に進学した頃（1993年頃）、ちょうど「ゲイカルチャーブーム」みたいなものがあって、雑誌などでもよく特集が組まれていたんです。そこでレズビアンやバイセクシュアルの女性をサポートする団体を知り、そこでの活動を始めました。母親に伝えたのはその頃ですね。でも母親には「（女子校育ちで）男性を知らないからよ」と言われました。
　なので、大学に進学して男性とも付き合ってみたんです。でも何か違う、やっぱり女の人が好きだなと思いました。

—— 「何か違う」と感じたポイントはどのようなことですか？

なつ　自分は男の人と付き合えないわけではないと思うんです。
　ただ、男性といると「女性らしさ」を押しつけられているような気持ちになることが多かったです。自分が、より自分らしくいられるパートナーを選んだら女性だったという感じでしょうか。

—— 現在は"ご結婚"されているとお聞きしました。

なつ　はい。パートナーとは11年前から付き合っていたのですが、周囲の異性愛の友人たちがどんどん結婚していく

中で、なんで私たちは結婚できないのかな、って悩んだ時期もあったんです。そんなとき、中高時代からの友人が「結婚式したらいいじゃん！」って後押ししてくれて。その言葉をきっかけに、4年前に結婚式を挙げました。

式場に「同性愛カップルの式は前例がない」と断られそうになるなど、いろいろありましたが、友人たちもたくさん出席してくれて、式を挙げて本当に良かったと思っています。

結婚式での宣誓の様子。なつさんのパートナーは女性ですがタキシードを着ました。

ただ残念ながら、両親には式に出席してもらうことはできませんでした。父親がいわゆる「古い」考え方の人なので、なかなか受け入れられないみたいです。

でも2011年の東日本大震災のときには、父親から「（パートナーの）親戚の家に避難したりできるのか？」などと連絡をくれたりもしたので、「家族」と認めてくれてはいるんだなって思っています。

── ご結婚されたことについて職場の方にはお話ししているのですか？

なつ 　2015年現在、日本では法的な結婚はできないので、勤め先に届けを出してはしていません。でも結婚しているのかと聞かれたら「はい」って答えています。「事実婚で、籍は入れていないんです」って答え方をすることもあります。

自分の仕事はカウンセラーなのですが、学校現場に相談員

として行くこともあるんです。あるとき、訪問先の学校の先生にたまたま自分のセクシュアリティを伝えたところ「そういうことは言わない方がいい」と言われたことがありました。「自分はいいけど、不快に思う人もいるから」って言うんです。自分はいいけど……というような人にかぎって偏見があるというのはよくある話です。

文部科学省からの通知[※1]もあり、セクシュアルマイノリティ教育は徐々に進んでいますが、学校現場の先生にも、まだそういう考え方の方が少なくないのが現実だと思います。けれど、学校現場の先生方には、日々接する中に悩んでいる子どもがいることを想定して、「男らしく」「女らしく」などということを言わず、生徒が「自分らしく」いられる環境をつくっていってあげてほしいですね。

—— **現在、学校に通っている年代のセクシュアルマイノリティ当事者の方に伝えたいことはありますか？**

なつ　思春期の頃って、こうだと思ったら突っ走ってしまうことがあると思うんです。

例えば「女性らしさを押しつけられるのが嫌」だから「男になる」みたいな決め方をしてしまう子も少なくない。相手を見極めずにカミングアウトして傷つく例も少なくありません。でも、思春期は迷う時期なので、すぐに何かに決めなくてもいい。あせらず「自分らしさ」を大切にしながら、セクシュアリティと向き合ってほしいです。

※1　p.97 参照

当事者からのメッセージ④

T トランスジェンダー（FTM）　ハルさん／20代社会人

大学生の頃からホルモン治療を開始し、現在は戸籍も男性に変更しているハルさんは、「こう生まれたからこそ、できることがあるんじゃないかと思っている」と話してくれました。

—— ご自分の性別を意識されたのはいつ頃ですか？

ハル　自分には兄がいるのですが、物心ついた頃から、兄のおさがりがうれしかったり、気になるのは女の子だったりすることから、自分の性別に違和感を感じていた気がします。
　その気持ちが明確になったのは、小学校の頃、性同一性障害の登場人物が出てくるテレビドラマを見たことです。それをきっかけに少し調べて「自分もこれなんだ」って思いました。

—— そのことは周囲の人に伝えたのですか？

ハル　いいえ。自分は小学生の頃は、自分のことを話さない子どもで、周囲の友だちにも不思議がられていたのを覚えています。
　最初にカミングアウトしたのは母親で、高校生の頃でした。

—— それまで、ずっと一人で抱えていることはつらくありませんでしたか？

ハル　小学生の頃から水泳をやっていて、それに熱中して

いたことで、女用の制服も水着も、我慢ができていた気がします。でも、成長して男性と体格も違ってくるとだんだん勝てなくなってきて……、水泳は高校に入る前にやめてしまいました。体力面で男女差を感じるのが悔しくて、男がうらやましかった。

　それから、女の子の前で男として振る舞えないこともつらかったです。

──お母さんにカミングアウトしたのはどんなことがきっかけだったのですか？

ハル　これもテレビがきっかけでした。性同一性障害の登場人物が出てくるドラマを見ていて、「自分もこれなんだよね」と伝えました。母親は「なんとなくそんな気はしていた」と言っていました。「望んだ形で生んであげられなくてごめん」とも。

　同じ頃、高校の友人にも伝えました。泣いてくれたり「あなたはあなただよ」と言ってくれたり、自分はいい友人に恵まれているな、と思いました。

　でもそんな友人の前で自分は「女の服」を着ている。それが、どこかうそをついているような気持ちでつらかったです。

──現在は戸籍も変更されているということですが、治療はいつ頃から始められたのですか？

ハル　自分の父親は「男はこう、女はこう」っていうタイプなんです。ずっと「女の子」を欲しがっていて、自分が制服を着ているとうれしそうだったりもしたので、なかなか言

い出しづらかったのですが、18歳のときに父親に相談しました。当初、父親は「勘違いだ」と言っていましたが、どうにかカウンセリングを受けることは許してもらい、そこから治療がスタートしました。

　大学では進学してすぐにカミングアウトし、その頃から、就職をする頃までに戸籍を変更することを目標にして治療を続けていきました。実際は就職には間に合わなかったのですが、就職面接の時点で、戸籍変更の話はしていて、仕事のユニホームなどは最初から男性用をもらうことができました。

　戸籍の変更について、父親に伝えると「自己責任で」といわれましたが、全面的に受け入れてくれているわけではない気がします。今付き合っている人がいるのですが、父親に紹介していいのかどうかは悩んでいます。

―― 治療期間中の苦労などはありましたか？

ハル　　病院などで診察券を出したときに「どっちだろう？」って顔で見られたりするのが苦痛でした。街ですれ違う人も、目線の動きで探ってるのがわかるんですよ。

　ホルモン治療には不安もありましたが、幸いあまり副作用も出ずにすみました。今は乳腺除去手術もして、シャツ一枚で外を歩ける清々しさが幸せです。

―― 現在、自分の性別に悩んでいる人に伝えたいことはありますか？

ハル　　自分のことを伝えたら、自分を避けて周囲に人がいなくなってしまうんじゃないかなど、いろいろ不安に思うこ

とは自分にもありました。でもつらいことを乗り越えれば、その先があると思っています。

　自分もこう生まれたからこそ、世の中にはいろんな人がいるのだということを知ることができた気がしますし、このような思いを伝えることで、今悩んでいる誰かの支えになれたら、と思います。

　FTMといってもそれぞれで皆一緒ではなく、治療を受けるかどうかも自分の気持ち次第なので、周囲の人には「その子がどうしてほしいか」希望を聞いてあげてほしいです。

📩 当事者からのメッセージ⑤

Ⓖ ゲイ　壮一さん／20代社会人

　自分はゲイだ、と認めたら今の生活を失ってしまうんじゃないか、という恐怖を抱えていた頃、インターネットでゲイの人たちのごく普通の日常を描いた漫画を読んで、「自分もこんなふうに楽しい人生が歩めるんだ」と思ったことが、自分のセクシュアリティを自分で認めるきっかけになったそうです。

── 恋愛対象が同性だということに気づいたきっかけは？

壮一　中学生の頃、英会話の授業でクラス内の何人かとハグをしてみよう、というコーナーがあったんです。そのときに、ある一人をつい目で追ってしまうということがあって……それが男子でした。まだ恋愛というよりは「なんとなく気になる」程度でしたが、なんとなく「これは人に言えないことだ」という意識はありました。

　はっきり自覚したのは高校生のときに、ゲイの人の日常を描いた漫画を読んだことでした。それまで、ゲイの人たちがどのような暮らしをしているのかをイメージすることができなかったのですが、その漫画を読んだら、普通に町ですれ違うような人の中にもゲイの人はいるんだなって思えたんです。

　ただ、その頃から、周囲の人が話す「ホモネタ」や、ＴＶを見て話す家族の何気ない言葉がすごく気になるようにもなりました。

── 人に言えないと思ったとのことですが、悩み事もずっと一人で抱えていたのですか？

壮一 　自分のブログを作って、吐き出したい気持ちはそこに書いていました。すると、だんだんと同年代の同じ悩みを持っている人が書き込みをしてくれるようになったりして、1人じゃないんだと思うことができました。

　高校生の頃からセクシュアルマイノリティの団体の活動に参加するようになり、外出が増えたことがきっかけで、親にカミングアウトをすることになりました。

　両親はともに医療関係の仕事をしているため、もともとセクシュアルマイノリティについて知識はあったと思います。ただそのせいか、ゲイときいてすぐにHIV感染[※1]が連想されたようで、それ以降門限を言い渡されるなど過保護気味になりました。

　でも、自分もようやく悩みを語り合える人と出会えたばかりだったので、外に出たいという気持ちが強く、親とたくさん言い合いをしました。今思えばそれも、親と1対1の人間として向き合うチャンスだったなと思っています。

　親にカミングアウトをしてからは、だんだんと周囲の人にも伝えるようになりました。

　このとき印象的だったのが姉の「TVを見てなんとなく言ってた言葉で傷つけてたよね、ごめんね」という言葉です。「TVを見て気持ち悪いとか言うのも、別に本気で思っているわけじゃないけど、そういう雰囲気みたいなのがある。それに流されていた」ということでした。

　そのような雰囲気を、変えていけたらいいのかなと思っています。

――周囲の友人にはどのように伝えたのですか？

壮一　　高校生の頃、進路について話していた流れで、仲の良い友人たちにカミングアウトしました。「びっくりしたけど、だからといって、あなたに対する気持ちが変わることはない」と受け入れてくれる友人が多かったことはうれしかったです。

　また、進路を決める際に、担任の先生にもカミングアウトをしたのですが、先生も「今まで気づかずに、傷つける発言をしてしまっていたかもしれない。申し訳ない」と言ってくれました。

　その後、その先生の後押しもあって、高校3年生のときの文化祭でカミングアウトをしました。そのように自分のセクシュアリティを公にしたらどうなるかな、と思ったけれど、意外とみんな普通に受け入れてくれました。

　大学ではセクシュアリティに関する研究を専攻したこともあり、入学時からカミングアウトしています。

――カミングアウトした後に気をつけていることなどはありますか？

壮一　　自分が話すのは「ゲイの意見」ではないよ、ということです。

　今までゲイとわかっている相手と接したことがない人の中には、カミングアウトを受けた段階で自分のことを「ゲイ代表」みたいに扱う人がいます。でもゲイはあくまでも一要素であって、ゲイだからって皆同じ意見なわけではない。これは異性愛の人も同じですよね。そこを混同されないように注意はしています。

――今後、社会がどのように変わっていってほしいかなどの思いを教えてください。

壮一　　日本の場合、まだゲイの「ロールモデル」※2 があまり見えてこないように思います。思春期の頃は周囲の人がみなヘテロ※3 に見えて、自分は孤立していると感じていました。そんなときに自分が出会った漫画のように、ゲイであっても「ごく普通の幸せ」が思い描けるような社会になってほしいなと思います。

　また、ネットでゲイについて検索するとセクシュアルなものばかりでてきますが、思春期の頃の望みは、まず同じ悩みを共有できる友だちが欲しい、だと思うんです。

　だからセクシュアルなものに偏っていない情報にきちんとアクセスできるような環境ができてほしいと思います。

※1　p.107 参照
※2　手本となる人
※3　ヘテロセクシュアル（異性愛者）

当事者からのメッセージ⑥

T トランスジェンダー（MTF）　　**ひろみさん／20代社会人**

　高校生の頃に性同一性障害という言葉を知ったひろみさんは、20歳になったら病院に行こう、と決めて、大学生の頃に友人に背中を押されて治療を開始したそうです。現在は手術費用をためているとのことで、手術を終えて、戸籍を変えたら「女友だちと温泉にいきたい、水着を着て、プールに行こうねって計画してます」と話してくれました。

―― **自分の性別について意識し始めたのはいつ頃でしたか？**

ひろみ　中学生の頃だったと思います。小学生のときにも「ランドセルは赤のがかわいいな〜」などと思っていましたが、全般的に男女仲の良いクラスだったこともあり、あまり性別を意識することはありませんでした。
　中学校からだんだんと、学校でも男女に分かれることが増えて、自分はこっちでいいのかな？　と考えるようになりました。

―― **学校生活で困ったことはありませんでしたか？**

ひろみ　学校では「おかま」などとからかわれることもありましたが、よくいえば「いじられキャラ」のような立ち位置だったので、学校生活はうまくいっていた方だと思います。女友だちも多く、休みの日はよく一緒に買い物に行っていました。
　制服については、中学時代のブレザーはあまり気にならな

かったのですが、高校の学ランを着るのが嫌で、Tシャツとジャージの短パンにパーカーを羽織って通っていました。あまり厳しくない学校だったので、そのことで特に怒られたりしたことはありません。

　トイレについては、教室から離れたところにある、あまり人が使わないトイレを見つけて、用を足したいときは人に見つからないようダッシュで向かっていました。一部の人に「あいつはいつトイレにいっているのか」なんてうわさになったこともありましたね。

　修学旅行については、運良く個室にお風呂があってそれを利用しました。体育や健康診断での着替えは女子がよくやる「着たまま着替える」のをまねしていました。

　ただ、プールだけはどうしようもないので、せめて生徒が少ない補習で受けるために、授業は休みました。

―― 性同一性障害について知ったのはいつ頃ですか？

ひろみ　高校生の頃、TVのニュース番組で知りました。その頃ちょうどテレビでそういう話題が多く、自分の気持ちにも現実味が増したような気がします。それでパソコンでいろいろ調べてみたところ、手術を受けるには親の同意書がいることがわかり、「まだカミングアウトは怖いなー」という気持ちもあったので、「20歳になったら病院に行ってみよう」と決めました。

　実際20歳になってもまだ親に伝えるのは怖かったのですが、友だちが「一生そのままでいいの？」と背中を押してくれて、精神科に通い始めました。

　現在はホルモン治療中で、手術のためにお金をためています。

――ではご両親よりも先に友だちにカミングアウトされたのですか？

ひろみ　実は、進学した大学の同級生に、MTFの人がいたんです。周囲の人もみんな「別に普通だよね」という感じで受け入れていたのを見て、自分も親しい人にはカミングアウトすることができました。女友だちにお化粧を教えてもらったり、スカートをはいたりするようにもなりました。
　高校時代の友人に伝えたのもその頃で、「あんたはあんただよ」と言ってくれました。
　とはいえ親にはなかなか言う勇気が出ず、洋服も家以外の場所で着替えるという生活が続いていました。伝えたのは大学３年で受診を開始して「性同一性障害です」という診断が出てからです。伝えるまではすごく長かったですが、両親は薄々気づいてはいたようで、すぐに受け入れてくれました。特にお母さんとは今もよく洋服を買いにいったりするくらい仲良しです。
　そんなふうに、周囲の人はあたたかく受け入れてくれて、恵まれているなと感じますが、街で通りすがりの知らない人に嫌なことを言われたりすることはあります。人の視線にはすごく敏感になったと思います。

――今思春期で、自分のセクシュアリティに悩んでいる人に伝えたいことはありますか？

ひろみ　まず、カミングアウトについてですが、相手を見て、その人の身になって「もし突然打ち明けられたら、受け

止められるだろうか？」などと考えることが大切だと思います。悩んでいると、自分だけがこんなに大変で……って考えてしまいがちですが、相手に受け入れられる余裕があるかどうかを見極めることも大事だと思う。

　それから周囲の人に伝えたいのは、今「セクシュアルマイノリティが増えている」と思っている人もいるかもしれないけれど、私は増えているんじゃなくて、今まで言えなかっただけだと思うし、あなたの周囲に、今も言えていない人がいるかもしれないということを心にとどめておいてほしいということです。

――手術が終わったらやってみたいことはありますか？

ひろみ　　友だちと温泉に行きたいです。あと水着を着てプールにも行ってみたい。友だちといろいろ計画をしています。女の子として過ごせなかった青春を取り戻したいですね。
　自分らしくいられる道は、自分で探すしかありません。せっかくの人生だし、やりたいことをやったもの勝ちだなって私は思っています。

アメリカのLGBTについて Q&A

回答：鬼塚 直樹 さん
カリフォルニア大学サンフランシスコ校 HIV感染予防教育専門官。サンフランシスコ在住。1980年に渡米、2008年にゲイのパートナーと結婚。

Q1. アメリカにおけるLGBTは、人口のどのくらいの割合ですか？

2012年の推計[※]によると、LGBTの人口はアメリカ全体で9,083,558人、成人の中での割合は3.8%です。

全米で最もLGBTが多いといわれるサンフランシスコ市では、全人口の15.4%がLGBTといわれています。

※カリフォルニア大学ロサンゼルス校 Williams Institute（ウィリアムズ研究所）から2011年に発表されたデータに基づきます。

Q2. LGBT、それぞれの違いについては、一般に理解されていると感じますか？

全米でもっともLGBTの人口が多いサンフランシスコでは、セクシュアルマイノリティ内の多様性も一般に理解されていると感じていますが、保守的な地域ではLGBTであることをカミングアウトする人も少なく、認知度は異なるでしょう。「フツー」以外は一緒くたにされて

いるような地域もあります。ただし、LGBTそれぞれの違いを理解することはそれほど重要ではありません。

　セクシュアリティは人間のもつ重要な属性ですから、自分とは異なるセクシュアリティをもつ人と出会ったときの態度や向き合い方が大切です。それは相手の「重要な属性」を尊重することだからです。

　例えばセクシュアルマイノリティのコミュニティの中にいても「自分はトランスジェンダーであってゲイではない」などというような「ほか（のセクシュアリティ）と混同されるのは嫌だ」という思いを持つ人がいます。しかし、それを主張することは、内部差別が生まれる原因だと思うので、気をつけなければならないと常に心にとどめています。

Q3. 学校教育で、セクシュアルマイノリティについて学ぶ機会はありますか？

　アメリカの学校は独自性が強いため、学校によって大きな差があり一概には言えません。

　ただし教育の場には「健康教育」をしなければならないという使命があります。その教育の一環として「人間のセクシュアリティ」を取り上げ、その多様性への理解と受容を促すという筋道はできているように思います。

　アメリカの教育現場では人間の性を、Gender（身体の性＝性別／性器によって分類される）、Gender Identity（心の性＝性別自己意識／自分が男性あるいは女性のどちらに属するのかという意識）、Sexual Orientation

（好きになる性＝性的指向／どちらの性にひかれるか）、Sexual Identity（性別表現＝性的自己認識／上記のものの総体としての自分が持つ帰属意識。ただし様々な状況で本来の自分とは違うものに帰属しようとする場合がある）と分類して説明することが多いです。

　これらの言葉の意味を考えながら、Human Sexuality（人間がもつ性的なものの総称。漠然としていて、それがゆえに多様性をみることができる）への理解を深めていきます。

Q４．10代の子どもが頼れる相談機関やコミュニティスペースなどは充実していますか？

　サンフランシスコにはLarkin Street Youth Services[※]という、セクシュアルマイノリティの若者向けのNGO（Non Governmental Organization《非政府組織》）があり、無料クリニックやHIVクリニック、シェルターの役割や雇用の斡旋など、様々なサービスを提供しています。

　また学校にはスクールカウンセラーがいて、必要に応じて個別的なサポートが提供されています。

※ http://larkinstreetyouth.org/

Q5. 先日、アメリカ全州で同性婚法案が可決されましたが[※1]、同性婚が認められるまで、州によって時間差があったのはなぜですか？

　アメリカにおけるホモフォビア（同性愛に対して否定的な価値観をもつこと）は、宗教の問題[※2]が大きな原因のひとつとなっていますから、それは同性婚が認められるまでに時間差があった原因のひとつでもあります。

　アメリカは多民族国家ですが、異人種間の結婚が全州で合法化されたのは1967年でした。結婚法は州が管轄するという伝統がありますから、今回の同性婚のように州ごとにその合法化の時期は違っていたわけです。

　どちらも、そこへ至るまでの長い道のりには、アメリカのそれぞれの地域が持っている伝統や文化、人種構成や経済状況など、いろいろな要素が絡み合っているのです。

※1　2015年6月現在
※2　欧米諸国で多くの人に信仰されているキリスト教の教典である聖書において、長らく同性愛は宗教上の罪であるとされていたため。しかし聖書の解釈は、キリスト教の会派や研究者、聖職者によって様々であり、現在でも様々な見解がある。

Q6.「婚姻が認められていなかった」ことなどのほかに、LGBTの方の権利が侵害されている代表的な例を教えてください。

　現時点での大きな問題は、州によっては同性愛者であることを理由に解雇することを禁止していない（認めている）ということです。そんなことが許されるところがあるんだ、と不思議に思う人がいるかもしれませんが、本当なんです。

　ただし、このような問題も、今回の同性婚合法化に伴い加速度的に解決されていくのではないかと期待しています。

Q7. LGBTの認識について、日本とアメリカの大きな違いとは？

　アメリカにおけるLGBTに対する認識は、友好的かあるいは否定的か、という二極に走る傾向があります。

　例えば、近年の同性婚の運動の中で、LGBTがいかなる存在なのかを、以前よりも明確に理解した人は増えたように思いますが、一方で、その嫌悪を強くした人もいるようにうかがえます。

　またアメリカの場合、その「嫌悪感」を基にした行動が表出することがよくあります。1988年にワイオミング州で若いゲイの男性が、その「嫌悪感」を理由に暴行を受け、亡くなってしまうという痛ましい事件もありました※。そのように否定的な認識が、攻撃性を呼び起こし、それが行動に結びついてしまう例がある、ということです。

　日本でも認識の違いはあるとは思いますが、それが極端な行動に結びつくような事例はアメリカよりは少なく、それには宗教を含む文化的な背景が関連しているのではないかと思います。

※アメリカの刑法の中には、「憎悪を原因とした傷害や殺人（Hate Crime）はそうでない場合よりも刑罰が重くなる」という法律があります。
　この事件当時 Sexual Orientation（性的指向）はこのHate Crimeの対象とはされていなかったのですが、この事件を契機にその対象とすべきであるという運動が始まりました。
　実際に法律が改正されたのは2009年10月28日で、なんと事件発生から実に11年がかかっています。

4章 セクシュアルマイノリティが直面する問題

★ セクシュアルマイノリティの人が抱える悩みとは

　セクシュアルマイノリティの人が抱える悩みというと、どんなものが思い浮かぶでしょうか？　恋愛や身体のこと、セックスに関することが多いと思うかもしれませんが、それだけではありません。セクシュアリティの話題を共有できる友だちや恋人との出会い、カミングアウト、仕事、結婚、家族のことなど、悩む内容はとても幅広いのです。なぜなら、セクシュアリティは、その人の生活や人生に大きく関わってくるものだからです。

　思春期には、大人へと成長していく自分の身体や、二次性徴に違和感があるという人もいるでしょう。また、周りが恋愛話で盛り上がっている時に、同性が好きな気持ちが言えなかったり、周りにばれないように気を使ったりして疲れてしまうという人もいるでしょう。あるいは、将来は生まれた時の性別とは違う性別で生活や仕事をしたいと思っているけれど、本当にできるだろうか、などと悩んでいる人もいるかもしれません。

　セクシュアルマイノリティの人が抱える大変さのひとつには、内容が性と関係することで「悩みをほかの人に話しづらくなってしまう」ということもあるのです。

　この章では、セクシュアルマイノリティの人が抱える悩みを、いくつかの例を挙げて一緒に考えていきましょう。

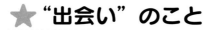
"出会い"のこと

●同じセクシュアリティの人と出会いたい？

「自分はもしかしたらセクシュアルマイノリティなのかもしれない」そう気づき始めたとき、どんな気持ちになるでしょうか？「自分と同じような人に会ってみたい」、「同じセクシュアリティの友だちや恋人がほしい」と思うかもしれません。一方で、「自分のセクシュアリティはまだよくわからなくてもやもやしている」、「はっきりさせたい気もするけど、いきなり同じような人に会うのはちょっと不安」と思う人もいるかもしれません。

これはどちらも当たり前の気持ちです。同じセクシュアリティの人と出会い、自分と同じような思いや体験をしていることを聞ければ安心したり、悩んでいることにアドバイスがもらえたりするかもしれません。でもセクシュアリティが同じだからといって自分と価値観や体験が似ているとは限らないし、初めて自分以外の当事者の人に会うには不安な気持ちもあるでしょう。

●出会いの場は？

セクシュアルマイノリティの人がどんな体験をしているのかといったことや、セクシュアリティに関する情報は、本やインターネットで調べることができます。この本にも何人かの体験談[※1]が載っていますし、ほかにもいろいろな本[※2]が出ています。

インターネットではいろいろな情報を手に入れることがで

※1　3章参照
※2　参考図書 p.142 参照

きますが、誰でも自由に発信ができる場所ですから、そこに書かれている情報がすべて正確なものかどうかはわかりません。インターネットで物事を調べる場合には、そこに書かれていることが誤っていたり偏っていたりする場合もあることを覚えておきましょう。また、インターネットは、同じセクシュアリティの人と出会ったり関わったりする方法としても使うことができます。本名や顔を出さずに人と関われるのは便利な点といえますが、相手の"顔"も見えないため、相手がうそをついていてもわからない可能性があります。

　自分の写真や名前や住所、学校名などの「個人情報」の取り扱いにも注意が必要です。インターネット上に一度のってしまった情報は、自分の知らない他人に見られたり、誰でも見られるところに公開されてしまう場合もあるため、十分注意する必要があります。またインターネットを通じて知り合った人と何かトラブルが起きたとき、共通の知り合いがいなかったり、関係を説明することが難しかったりして、人に相談しにくいことも心配な点です。インターネットを使うときには自分の情報を出しすぎないことや、すぐに1対1で会うのではなく、ほかにも話せる場所や相手を探してみるということも大切なことです。

　例えば、出会いや交流の場として、セクシュアルマイノリティの人同士で集まって交流できるさまざまな会やイベントが開催されています[※1]。最初は、比較的大きな団体（名称に特定非営利活動法人／NPOなどとついているもの）が開催しているものや、HPなどで開催の様子が確認できる、継続的に会が開かれている、などのポイントを参考に参加するものを選ぶとよいでしょう。同じセクシュアリティであっても、性格や好みは人それぞれです。いろいろな場所の中で、

※1　p.142 参照

自分にはどんなものが合うかを見つけていってください。

　ただし、インターネットでの交流の場合と同じく、焦って距離を縮め過ぎないようにしましょう。本名は言わずにニックネームだけにする、よく知らない人には住んでいる場所や学校名、連絡先を伝えないなど、個人情報の扱いには注意してください。また、そうした会には大人のスタッフがいるので、何か困った場合にはスタッフの人に相談しましょう。

　初めて参加するときは緊張するかもしれませんし、打ち解けるのには時間がかかることもあるでしょう。しかし、一度に複数の、同じセクシュアリティの人に会うことは、人それぞれの多様なあり方にふれるチャンスでもあります。

　同じセクシュアリティであるかどうかにかかわらず、自分のことを話せる場や相手がいることは大切なことです。身近なところにそのような場所がない、すぐにそうした場所に行くのは心配、という場合は電話相談[※2]などを利用してみる方法もあります。

※2　p.77 参照

●セクシュアリティはその人の全てではない

　同じセクシュアリティであっても、考え方や価値観は様々です。人と出会っていく中で共感や納得できる部分もあるでしょうし、自分との違いに気づいたりすることもあるでしょう。それは日常生活の中にもいろいろな人がいるのと同じことです。セクシュアリティはその人を構成する大切な要素のひとつですが、全てではありません。

　ほかの人を知っていくことで、自分のことをあらためて考えたり、気づいていくきっかけになるかもしれません。焦らずにじっくり時間をかけて、いろんな情報や人にふれながら考えていきましょう。

★ カミングアウトのこと

●カミングアウトのメリット・デメリット

　自分のセクシュアリティをほかの人に伝えることを「カミングアウト」といいます。

　カミングアウトをすることは、周りとの関係を新たにつくっていくスタートになりますが、それによって自分のことをより深く知ってもらうチャンスとも言えます。自分のことを隠さずに話せるようになれば、気持ちが楽になり、相手とより親しくなれるといったこともあるでしょう。また、自分のことを話すときに必要以上に気を使わなくてよくなり、悩みや困っている部分を詳しく相手に話せたり、相談したりできるようになるといったこともあるかもしれません。これらはカミングアウトのメリットです。

　一方で、カミングアウトにはデメリットもあります。例えば、相手の反応が拒否的であったり、無理解なものだったりしたときには傷ついてしまうこともあるでしょう。また、自分の知らないうちにほかの人に話されて、知られたくない人にまで知られてしまったり、セクシュアリティのことで、からかいやいじめを受けたりすることもあるかもしれません。カミングアウトをしたことがきっかけで話した後に気まずくなったり、付き合いにくくなったりしてしまうということも考えられます。

　カミングアウトは、このようなメリット・デメリットを踏まえた上で、その人自身がどうするのかを考えて、するかどうかを決めるものです。ですから、じっくり取り組めばよい

ことで、結論を出すのに焦る必要はありません。

　ただし性別に違和感のあるトランスジェンダーの場合、現実的な生活の場面で男女別にされていて嫌な気分になってしまう事柄について、少しでも自分の居心地のよいように調整してもらえないかをやりとりするために、カミングアウトが必要になってくる場合もあります。そのような動機で自分がどんな点で困り、辛い思い、嫌な思いをしているのか、それをどんなふうに変え、配慮してもらえればストレスが減りそうか、そういった点も含めて相手に伝えられるとよいかもしれません。学校生活に関わることであれば、話しやすい先生に相談してみましょう。

●家族へのカミングアウト

　カミングアウトの中でも、特に家族に対するカミングアウトは、セクシュアルマイノリティの人にとって大きな問題です。家族という身近で親しい存在だからこそ「わかってもらえるだろうか」、「どんな反応をされるだろうか」と不安に感じたり悩んだりすることも多いのです。

　家族の側も、そのカミングアウトが予想していないものであった場合などは、ショックを受けることもあるでしょう。伝えられた事実を受け止めるまでに少し時間がかかることもあるかもしれません。

　セクシュアルマイノリティの本人だけでなく、その親や家族同士が交流できる会や相談できる場所※もあります。家族がカミングアウトを受け止めきれなかったり、同じような状況の家族の話を聞いてみたいと言ってきたりしたときには、そうした場を利用してみるのもよいでしょう。

　自分のセクシュアリティに気づき「自分はセクシュアルマ

※ p.77, p.142 参照

イノリティなんだ」という部分がはっきりしてくると、周りに話さないでいることを「うそをついているみたい」、「隠しているみたい」などと感じることもあるかもしれません。

　しかし、カミングアウトは必ずしなければいけないものではありません。残念なことですが、現在の日本は、セクシュアルマイノリティに対する理解が足りない人たち、偏見が強い人たちも少なくありません。そうした中でカミングアウトをして生活していくことは、自分自身にとって苦しい状況を生み出す可能性もあります。

　今日本に暮らしているセクシュアルマイノリティの人の中には、自分のことを伝えるのは同じセクシュアリティの仲間だけにして、日常生活では周りに伝えずに生活している人もいれば、セクシュアリティをオープンにして、たくさんの人にカミングアウトしている人もいます。どちらが正解ということはありません。その人自身が、今の生活においてどちらの方が過ごしやすいか、どちらの方が自分にとってプラスになることが多いか、を考えてしていくものです。

　またカミングアウトは一度伝えたら終わりというものではありません。はじめに伝えたときにうまく伝わらなくても、何度も説明したり時間をかけたりして話していくことで、よりわかり合うことができ、新たに関係性をつくっていくことができるでしょう。

カミングアウト体験談
・信頼していた友人にカミングアウトをしたら、距離を置かれてしまった（ゲイ／p.42）
・親に伝えたら「（女子校育ちで）男性を知らないからよ」と言われた（レズビアン／p.46）
・母親は「なんとなくそんな気はしてた」と言っていた（FTM／p.50）
・担任の先生に伝えたら「今まで気づかずに、傷つける発言をしていたかもしれない、申し訳ない」と言ってくれた（ゲイ／p.54）

あなたがカミングアウトをされたら……

　もしあなたが友だちからカミングアウトをされたら、その人は自分に「大切なこと」を話してくれたんだな、と受け取ってください。もし話の中で出てきた言葉や内容でわからないことがあったら、その人に質問してみましょう。また、あなたに話してくれたことは、ほかの人には知られたくないことかもしれません。ほかの人に伝えてよいかどうかは、話してくれた本人にたずねてみましょう。

　話してくれた人がそのことですごく悩んでいたり、トラブルに巻き込まれて困っていたりするようであれば、自分が心配している気持ちを伝えて、信頼できる大人に一緒に相談してみることも考えてみてください。

★ 将来について

　自分の 10 年後や 20 年後は、一体どうなっているんだろう？　10 代の頃には、将来のことで悩んだり、不安に思ったりすることがたくさんあると思います。特にセクシュアルマイノリティの人は、身近に"自分と同じセクシュアリティの大人がいる"ということは少ないですから、将来像が見えにくく、不安な気持ちが強くなることもあるでしょう。
　「自分みたいな人は本当にほかにもいるのかな」「同性が好きだけど、恋人・パートナーになる人と出会えるのかな」「生まれたときの性別とは違う性別で仕事をしたり、生活していきたいけど、家族や周りの人はわかってくれるだろうか」「友だちや家族にカミングアウトしたら、拒否されたり、悲しませたりするんじゃないか」などと、疑問や悩みが尽きないかもしれません。

● "いない"のではなく"見えない"だけ

　あなたの身近なところに、セクシュアルマイノリティである大人の人はほとんどいないかもしれません。でもそれはいないのではなくて、見えていないだけなのです。
　今の日本では、自分のセクシュアリティを周囲にカミングアウトして生活している人は、まだ少ないのが現状です。ですが、セクシュアルマイノリティの人にも、大人になって、仕事をして、自分なりの豊かな人生を送っている人たちがたくさんいます。悩んだり考えたりする機会は人より多いかもしれないけれど、自分のセクシュアリティと向き合いながら、

自分らしい人生を築いていけるのです。
　一人で悩んだり、抱えていたりしている時は苦しいかもしれません。でもきっとあなたの思いを一緒に分かち合ってくれる仲間や大人がいます。一緒に考えていきましょう。

セクシュアルマイノリティ相談窓口紹介

【電話相談】
「セクシュアルマイノリティ電話法律相談」（東京弁護士会）／03－3581－5515
法律問題を抱えるセクシュアルマイノリティのための電話相談です。
日時　毎月第2木曜日・第4木曜日（祝祭日の場合は翌金曜日に行います。）
　　　17：00～19：00
詳細　https://www.toben.or.jp/bengoshi/soudan/sexualminority/index.html
※千葉県弁護士会、大阪弁護士会、福岡県弁護士会などでもセクシュアルマイノリティのための法律相談が行われています。インターネットで検索してみてください。

【電話相談】
「LGBTほっとライン」（札幌市）／011－728－2216
性別違和や同性愛などのお悩みについて、どなたでも気軽に話せる電話相談窓口です。
日時　木曜日16時～20時
詳細　http://www.city.sapporo.jp/shimin/danjo/lgbt/lgbtsodan.html

【電話相談】
「セクシュアルマイノリティ電話相談」（宝塚市）／0797－71－2136
自分の性や性的指向に伴う相談をはじめ、さまざまな相談に応じます。本人、家族、友人、教員などどなたでも相談できます。
日時　毎週水曜15時～18時（おおむね1回30分）（祝日・年末年始除く）
詳細　http://www.city.takarazuka.hyogo.jp/s/kyoiku/jinken/1021192/1018499.html

【対面相談】「よこはまLGBT相談」（横浜市）
性的少数者支援に携わっている臨床心理士による相談です。個室にて対面で、ご相談いただけます。（事前に電話での予約が必要です）。
問い合わせ・予約　045－594－6160
　　　　　　　　　（水・金・土16：00～20：00、日曜14：00～18：00）
詳細　https://www.city.yokohama.lg.jp/kurashi/kyodo-manabi/jinken/lgbt/soudan.html

【派遣型相談】「かながわSOGI派遣相談」（神奈川県）
臨床心理士など専門相談員が県内の学校等に伺って相談をお受けします。
問い合わせ・予約　045－210－3637
詳細　http://www.pref.kanagawa.jp/docs/fz3/cnt/f430243/documents/2.html
※このほかにも様々な自治体でセクシュアルマイノリティのための相談窓口が設けられています。

→コミュニティの紹介は p.142　　　　　　　　　　　　　　　（2020年4月現在）

医師に聞く 性同一性障害の治療にまつわる Q&A

回答：中塚 幹也 先生
岡山大学大学院保健学研究科 教授／岡山大学ジェンダークリニック 医師／GID（性同一性障害）学会 理事長

Q1. 性同一性障害の診断はどのように行われますか？

　性同一性障害とは、身体の性と心の性とが一致しない状態のことで、自身の身体が自身のものではないような感覚（性別違和感）をもちます。性同一性障害は、心の性は男性、身体の性は女性であるFTM(Female to Male)と、心の性は女性、身体の性は男性であるMTF（Male to Female）とに分類されます。

　身体の性別は、医師が診察して、身体の特徴が「陰茎や精巣のある男性型」か「子宮や卵巣のある女性型」か、また血液検査で性染色体がXY（男性型）かXX（女性型）か、男性ホルモンが高いか女性ホルモンが高いかなどを確認して、総合的に判断します。

　心の性（性自認）は、「自分は男である」「自分は女である」という意識のことで、周囲の人々と関わることで明確になってきます。

　また、性別は、誰かを好きになるとき、特に強く自覚されるものです。人を好きになること、付き合いたいと思うこと（性的指向）には様々な場合があります。さらに、性別は、社会的な役割（性役割）を果たすときにも強く自覚されます。学校で、女子生徒として、男子生徒とし

て活動することでも性別を自覚せざるを得ません。

　ただし、性同一性障害の診断を行う上で、男性が好きか、女性が好きか、またどのような性役割で暮らしているかは問いません。

　性同一性障害も同性愛（心の性と身体の性とは一致していて、性的指向が身体の性と同じ性別）も、それを他者に無理矢理変えようとされたり、自分で変えようとしたりすると、自身の本質の否定につながり、素直に生きることが困難になります。

Q2．性同一性障害の人々が性別違和感を持ち始めるのはいつ頃ですか？

　岡山大学ジェンダークリニックを受診した性同一性障害の当事者1,167名を見てみると、性別違和感は、物心がついた頃から始まる場合が多く、約9割が中学生までに自覚していました。特にFTM当事者では小学校に入学してきたときには7割がすでに性別違和感をもっていました（表1）。

表1．性別違和感を自覚し始めた時期

	全症例（1,167人）	MTF（431人）	FTM（736人）
小学入学以前	660（56.6%）	145（33.6%）	515（70.0%）
小学低学年	158（13.5%）	67（15.5%）	91（12.4%）
小学高学年	115（9.9%）	56（13.0%）	59（8.0%）
中学生	113（9.7%）	74（17.2%）	39（5.3%）
高校生以降	92（7.9%）	77（17.9%）	15（2.0%）
不明	29（2.5%）	12（2.8%）	17（2.3%）

　思春期の身体の変化（二次性徴）より前の年齢で性別違和感をもつ子どものうち、最終的に性同一性障害と診

断される人は1〜2割と推測されています。これは、その後、性別違和感をあまり感じなくなったり消失したりする場合や、最終的に同性愛であったことに気づく場合もあるためです。しかし、そのことを考えると、成人での推計よりも多くの子どもが（後で軽くなる場合も含めて）、性に関する違和感に悩みながら過ごしている可能性があることがわかります。

Q3. ホルモン治療や手術は何歳から受けられますか？

　性同一性障害と診断され、本人や周囲の状況が整えば、18歳から男性ホルモンあるいは女性ホルモンによる治療が、またFTM当事者では乳房切除術が可能です。さらに、その後「望む性での生活（Real Life Experience：RLE）」がうまくいっていれば、20歳から性器の手術（性別適合手術 Sex Reassignment Surgery：SRS）を受けることが可能です。

　12歳頃（個人差により9〜14歳）になると、身体の変化（二次性徴）が始まります。これにより性別違和感が強くなった場合、家族の同意と協力が得られれば、身体の変化を一時的に止めておく二次性徴抑制療法を行うこともできます。その後、時間をかけて慎重に診断が行われ、性同一性障害と確定すれば、男性ホルモンや女性ホルモンの治療に移ります。

　二次性徴抑制療法は、FTMの生徒が月経のたびにつらくなったり、学校へ行けなくなったりすること、また、MTFの生徒が悩んでいるうちに、ひげが生え、声が低くなるなど、取り返せない身体の変化を起こしてしまうこ

とを防いでくれます。

　二次性徴抑制療法が行われなかった場合も、ジェンダークリニックの専門医が一定期間、慎重に観察して性同一性障害と診断した場合は、15歳からホルモン療法が可能です。

Q４. カウンセリングを受けることが必要ですか？

　その人の考え方を変えようとするような、誤ったカウンセリングは有害です。しかし、自身の気持ちが整理できない場合や揺れているときは、性同一性障害についての適切な知識をもっている人と話してみることは有効です。

　学校の中でいろいろと困ったことが起きたり、将来のことが不安になったりするかもしれません。そのようなときも安心できる誰かに相談したいものです。それは、学校の先生や家族かもしれませんし、同じ悩みをもったり、それを克服したりしている仲間たちかもしれません。

　残念ながら、性同一性障害の専門知識をもっている人は、まだ多くはありません。このため、ときには間違った情報や片寄った考え方を持つ人に相談してしまうこともあるでしょう。

　ただ、診断や治療に関することは、必ず医学的知識を持った人に相談してください。専門医療施設である全国のジェンダークリニックやその関連病院[※1]などにつながっておくことは大切です。そして、その力も借りながら、性同一性障害に関する適切な知識をもち理解のある人を周囲に増やしていきましょう。

Q5. ホルモン治療には、どのようなリスクがありますか？

　内服のホルモン剤は手軽ですが、血管が詰まったり（血栓症）、肝臓の機能が悪くなったりしやすいため、筋肉注射や張り薬が選ばれる場合もあります。治療が始まったら、定期的な体重や血圧の測定、血液検査による副作用のチェックをします。

　個人輸入でホルモン剤を手に入れるなどして、自己判断で内服を始めることは危険です。大量に内服し過ぎたり、薬に有害な成分が含まれていたりして、生命に関わるような大きな副作用が発生することがあります。また、診断を受けず、そのときの気持ちでホルモン治療を始めると、後悔しても、身体の変化を元に戻せなくなる場合があります。

　専門の施設では、薬の種類、通院の間隔、費用などの相談に乗ってくれます。

　病院であっても、あまり話も聞かず、すぐにホルモン療法を始めたり、副作用の血液検査もしなかったりする場合は危険です。誤った治療によるひどい副作用や死亡例も見られますので注意してください。

　GID（性同一性障害）学会では、専門的な知識と技術を持つ医師の養成を始めています．また、最初に相談を受けてくれる施設をホームページ[※2]上で公表していますので参考にしてみてはいかがでしょうか。

※1 ※2　http://www.okayama-u.ac.jp/user/jsgid/

5章

学校現場の先生へ

（1）学校現場におけるセクシュアリティ多様性への対応

　近年、セクシュアリティの多様性についての社会的関心が高まり、メディアなどでも取り上げられる機会が増えています。セクシュアリティの問題は、生徒の自尊感情にも関わることですから、学校現場においてもその多様性に応じた体制を整え、セクシュアリティの多様性について学ぶ機会をつくることが大切です。
　この章では、学校におけるセクシュアリティ教育について取り組んできた1人の養護教諭として、授業案などもご提案をさせていただきたいと思います。

■ 日本の教育におけるセクシュアリティ多様性の取り扱い

　2012年に内閣府より発表された「自殺総合対策大綱」には、自殺の危険性が高い層の一つとして「性的マイノリティ」が挙げられ「教職員の理解を促進する」と記されています。
　しかし、2015年10月現在、学習指導要領の中に「セクシュアリティの多様性について」の記述はありません。現行の学習指導要領には「異性への関心が芽生える（小学校：体育）」、「男女は、互いに異性についての正しい理解を深め、相手の人格を尊重する（中学校：道徳）」、「異性を尊重する態度が必要（高等学校：保健）」、「男女が協力して家庭を築くことの重要性（高等学校：家庭科）」など、男女二元論に則って定められている学習内容が多くあります。生活の大半を過ごす学校という社会において、セクシュアリティの多様性について触れられることなく、世の中には男と女と異性愛者しかおらず、「普通は」恋愛や結婚をするものとして教えられることは、セクシュアルマイノリティの子どもにとって「いない者」として扱われるのと同じことではないでしょうか。
　日高が教員約6,000人を対象に行った調査[※1]（2011～13）によると、同性愛については63％、性同一性障害については73％の教員が「教える必要がある」と回答していますが、実際に授業で取り上げたことがあるのは14％であったことがわかっています。このことから、性の多様性について子どもたちに教える必要性を感じ

※1　平成26年度厚生労働科学研究費補助金エイズ対策政策研究事業「個別施策層のインターネットによるモニタリング調査と教育・検査／臨床現場における予防・支援に関する研究」

つつ、学習指導要領に定めもないため、どのように教えてよいのかわからない先生方が多いということが伺えます。

■ 世界のセクシュアリティ教育

世界に目を向けてみると、セクシュアリティや価値観の多様性のことも含めた、体系的な性教育が行われている国々があります。特に欧州各国では、欧州世界保健機構（WHO/EUR）とドイツの連邦健康教育局（BZgA）が共同で発行した「ヨーロッパにおけるセクシュアリティ教育の標準（Standards for Sexuality Education in Europe）」（2010）が出され、カリキュラムの更新や教員の研修などに役立てられていることで、セクシュアリティ教育の充実が図られています。

欧州セクシュアリティ教育がねらいとする成果は表1のようにまとめられます。自他尊重と性や価値観の多様性尊重など、人権やセクシュアリティに対する肯定的な考え方が基礎にあることが特徴です。

表1　欧州セクシュアリティ教育がねらいとする成果

1	セクシュアリティや多様な価値観・生き方を尊重する社会の実現に貢献できる
2	性の多様性とジェンダーの違いを尊重し、性的自己とジェンダー役割意識を認識できる
3	自己とパートナーに対し理解と情報に基づいた責任ある意思決定・行動選択ができる
4	性に関して、人間の身体とその発達・機能について科学的な知識理解を得ることができる
5	感情やニーズを表現でき、肯定的に性的自己、ジェンダー役割意識を発達させることができる
6	セクシュアリティや避妊をはじめ、性に関する様々な事柄について適切な情報を身につけられる
7	性や人間関係のあらゆる側面に対処するのに必要なライフスキルを獲得できる
8	性に関する問題や疑問が生じたときに自らカウンセリングや医療サービスの支援を得ることができる
9	批判的態度を発達させるため、性や多様な規範・価値観を人権の視点で考えることができる
10	相互理解に基づき、個人の境界を尊重する対等な（性的）人間関係を築くことができる
11	セクシュアリティ、情緒、人間関係について話合いができる、それに必要な言葉を獲得できる

（"Standards for Sexuality Education in Europe"より　筆者訳、要約）

さらに、年齢と発達に合った教育内容を展開するため、出生から思春期までを6つのステージ（0〜4歳、4〜6歳、6〜9歳、9〜12歳、12〜15歳、15歳以上）にわけ、8つの主要テーマ（①人間の身体と成長発達、②受精と生殖、③セクシュアリティ、④感情、⑤人間関係とライフスタイル、⑥セクシュアリティと健康、⑦セクシュアリティと人権、⑧セクシュアリティの社会・文化的決定要素（価値観・規範）について、各ステージの子どもが身につけるべき知識、

スキル、態度を具体的に示しています。例えば、性の多様性については③セクシュアリティ、⑤人間関係とライフスタイルの内容として段階的に学習が進められるようになっています（表2）。

表2　ステージごとに身につけるべき性の多様性に関する知識、スキル、態度

	③セクシュアリティ	⑤人間関係とライフスタイル
0〜4歳	・優しさや身体のふれあいは愛情表現である ・自分の身体に触れる楽しさ・快感を知る ・自己の性意識に気づく ・自分の身体にとって気持ち良いことを話せる ・自分の身体に対するポジティブなイメージ	・多様な家族の在り方への肯定的態度 ・自分の家族の関係を話せる ・親密さや信頼の感情の獲得 ・人間関係は多様であることに気づく
4〜6歳	・自分の身体や生殖器を発見する（0才〜） ・性について話せる（コミュニケーションスキル） ・性自認をより確かなものにする	・人間関係を築き、保つこと ・家族や友人との適切な付き合い方 ・多様性を受け入れる ・友情、同性同士の関係
6〜9歳	・愛情、優しさについて知る ・自分および他者のプライバシーが尊重できる ・メディアの中の性 ・受容できる性の在り方（相互に合意があり、平等で、年齢や状況に応じていて、自分を尊重している）についての理解	・愛情や友情に関わる様々な人間関係を知る、友人関係をつくれる ・人間関係の中で自分自身を表現する ・妥協したり、忍耐や思いやりを見せることができる ・人間関係の基本としての約束や責任、正直さ、他者尊重の態度
9〜12歳	・性的指向について知る ・初めての性的体験について知る ・若者の性行動（性的行動の変化） ・異なる性的感情について適切な方法で話し合い、理解する ・性行動に対する自身の行動選択 ・望まない性行動を断るスキル ・性の価値観や性的指向の多様性を尊重する	・友情や愛情の表現（愛情表現やパートナーシップには様々な形があること）を知る ・心地よい関係と不平等で不快な関係 ・ジェンダーの平等やパートナーを選ぶ自由に対する肯定的な態度
12〜15歳	・性の目覚めとジェンダーの違いに関して期待される振る舞いや役割期待に気づく ・親密なコミュニケーションや、交渉のスキルを磨く ・セクシュアリティを学習過程として理解する ・性自認と性的指向（カミングアウト）	・年齢、ジェンダー、宗教、文化の影響を理解する ・不公平・差別・不平等に立ち向かう ・平等で満たされた関係性を望む態度
15歳以上	・年齢や性別、病人や障害など様々な立場での性行為の意味、単なる性交ではない ・対価としての性行為（売春、ポルノ等） ・性行為をする理由、しない理由を話し合える ・性指向を告白できる ・性の喜びへの肯定的態度	・ジェンダー役割意識により期待される振る舞い、役割、誤解等を知る ・不公平・差別・不平等に立ち向かう ・異なる関係性やライフスタイルに対する寛容な態度

（"Standards for Sexuality Education in Europe"より　筆者訳、要約）

　さらに、2009年にはユネスコ（国際連合教育科学文化機関）が「国際性教育実践ガイダンス」を作成し、9か国語で提示したことで、中国、台湾などアジアの国々にもその影響が波及し世界の性教育は一層の充実が見られています。

■ 日本の性教育の現状

現在、日本には性教育独自の学習指導要領はなく、体育・保健・理科・家庭科・特別活動など、関連する教科で横断的に、学校教育全体を通じて扱うように示されています。

性教育全体のガイドラインとしては、文部省が1999年に示した「学校における性教育の考え方，進め方」が最新のものになります。このガイドラインでは次に示すように性を全人的なものと捉え、一部「正しい異性観」など、性の多様性の観点から見て気になる表記はあるものの、人間尊重の精神が重要視されています。

> 学校における性教育は、児童生徒等の人格の完成と豊かな人間形成を究極の目的とし、人間の性を人格の基本的な部分として生理的側面、心理的側面、社会的側面などから総合的にとらえ、科学的知識を与えるとともに、児童生徒が生命尊重、人間尊重、男女平等の精神に基づく正しい異性観を持つことによって、自ら考え、判断し、意思決定の能力を身に付け、望ましい行動をとれるようにすることである。この場合、人間尊重、男女平等の精神は、学校の全教育活動を通じて徹底を図らなければならないが、人間の生命や男女の在り方、生き方、などを直接扱う性教育では特に重要であり、性教育の基本目標それぞれを貫く精神として認識されていなければならない。

このような素晴らしい理念が土台となっている日本の性教育ですが、実際にどのような内容を、どの程度の時間をかけて行うかは各学校にゆだねられているのが現状です。

2005年に文部科学省がすべての義務教育学校を対象に行った全国調査では、性教育の授業計画を作成している学校は67%、性教育に関する学内委員会が設置されている学校は31%でした。また、2007年に橋本らが全国の中学校を対象にした調査[※2]では、性教育にあてられている時間は年間平均3時間でした。

その限られた時間の中で扱われるテーマは「思春期における身体の変化」「妊娠と出産」「性感染症」が主なもので、「性の多様性」について触れていた学校は10%以下でした。

※2 「日本の中学校における性教育の現状と課題」橋本紀子ほか（2012）

そもそも性教育は教員になるための必修単位ではありませんから、教員であっても性教育を体系的に学んでいる人はほとんどいないと思われます。教員となって学校現場に出てから、性的な事柄に関するからかいやいじめ、予定外の妊娠や性感染症、性被害など、性の問題で大きく人生を左右される子どもたちに直面して、勉強し実践を積み重ねていくのが実情です。

　前述のガイドライン（1999）が出された直後の2000年代には"行き過ぎた性教育"批判があり、各学校の実践に抑圧的な影響を与えたと言えるでしょう。それ以降、例えば小学校では性器の名称や受精に至る過程は取り扱わないなど、科学的な知識伝達への制限も強まり（2005年現在）、先進諸国に比べて子どもたちが学校で学ぶ性の事柄が非常に限られてしまっているという側面があります。

　しかし、現状を悲観していても目の前の子どもたちに必要なことを伝えられません。"行き過ぎた性教育"批判のあと、中央教育審議会（平成17年7月）で議論された以下の3点を踏まえることで、多様な学びの展開ができるのではないかと思います。

・教職員の共通理解を図るとともに、児童生徒の発達段階（受容能力）を十分に考慮することが重要である
・保護者や地域の理解を十分に得ることが重要である
・集団指導の内容と、個別指導の内容の区別を明確にする

(2) セクシュアリティの多様性についての理解を広げる学校全体の取り組み

　セクシュアルマイノリティの子どもは、「居ないもの」として扱われる孤立感や、「ホモ」や「おかま」などの言葉が嘲笑のネタにされる環境、直接的ないじめ、自分の将来に対する不安などから、抑うつ、不登校など様々な心理的・社会的なトラブルを抱えやすいことが知られています。

　セクシュアルマイノリティの子どもが、安心して自分の力を発揮できる学校環境を整えるためには、まず学校が「性の多様性がポジティブに受け取られる学校」であることが重要です。そのためには、教員が性の多様性を理解することはもちろん、学校全体で子どもたちに対して「セクシュアリティ教育」を推進していくことが大切です。そうすることが、生徒同士の良い人間関係や、子どもと教員との信頼関係を築いていく土台となっていくでしょう。

■「性教育」から「セクシュアリティ教育」への転換

　"セクシュアリティ"とは、性的な事柄を包括的に示す概念で、WHOでは「生涯を通じて人間であることの中心的側面をなし、セックス（生物学的性）、ジェンダー・アイデンティティ（性自認）とジェンダー・ロール（性役割）、性的指向、エロティシズム、喜び、親密さ、生殖がそこに含まれる（性の健康世界学会訳）」と定義されています。

　つまり性教育は、健康教育であると同時に、教育の目的である「人格の完成」（教育基本法）に大きく関わる重要な教育のひとつであるといえます。「性教育」というと生理的側面ばかりがイメージされてしまいますが、「セクシュアリティ教育」として展開させていくことで、人権と多様性尊重の側面からもアプローチしていくことができるのではないでしょうか。そして、人権問題としてセクシュアルマイノリティに、つまり個人の性的指向や性自認に注目が集まっている今こそ、セクシュアリティ教育を進めるチャンスです。

　セクシュアリティについて教える際は、マイノリティ当事者の児童生徒だけでなく、全ての児童生徒が、自分の在り方・生き方につ

いて考え、多様性を尊重し合いながら、他者とよりよい関係を築いていけることを目指さなくてはならないと考えます。
　これは2014年の中央教育審議会「道徳に係る教育課程の改善等について（答申）」の中で重要視されている方向性とも一致するものです。つまり、多様性を尊重できる態度と関係性を構築できる能力の育成がこれからの社会の重要テーマであるということでしょう。

■ **セクシュアリティ教育の実践**
　「多様性」を学ぶ機会をつくることは、マイノリティの児童生徒が生活しやすく、また何か問題が生じたときに相談しやすい環境を作ることにもつながります。そのため、マイノリティの子どもがいることがわかってからではなく、子どもたちが学ぶべき最低限の事柄として位置づけていくことが大切です。
　しかし、性教育が年間平均3時間程度しか実施できない状況では、生物学的な性の知識から人間の在り方・生き方までを掘り下げるような授業を展開することは難しいため、国語や社会、英語といった各教科の題材やHR活動として、性の多様性や人権に関するテーマを取り上げるなどの工夫ができるとよいでしょう。

■ **性の多様性への理解を深める授業の取り組み**
　最近では、セクシュアルマイノリティの当事者が出張授業を担う機会も増えてきました。このような授業を行う際の目的は、「セクシュアルマイノリティの存在を理解する」ということよりも、（1）セクシュアルマイノリティも含めた性の多様性・価値観の多様性を理解し、（2）他者との共生を目指す集団・社会の在り方を考え、それらを通じて（3）自己理解を深めること、とするのが望ましいでしょう。
　性の多様性について理解し、個々人が尊重される社会の在り方について考えることは、「ありのままの自分でいいんだ」と自己を尊重することにもつながります。

　巻末資料（p.130〜139）に、筆者が行っている県立高等学校でのセクシュアリティ授業の実践事例を紹介しました。これは養護

教諭を中心に学年一斉に実施されている2時間分の授業で、次のような流れで構成されています。

1時間目　セクシュアリティについて理解する（担当：養護教諭）
①セクシュアリティの多様性を知る
②個人のセクシュアリティは基本的人権として尊重されることを知る
③セクシュアリティは文化や宗教、その社会の規範などに影響を受け、世界各国でいろいろな考え方が存在することを知る
④日本で生活しているセクシュアルマイノリティの当事者の話を聴く
⑤どのような社会が望ましいかについて、自分の意見をもつ

2時間目　自分のセクシュアリティを知る（担当：学級担任）
①身近な恋愛観を題材に、各自大切にしているものが違うことに気づく（集団ワーク）
②自分のセクシュアリティを大事にしながら、他者のセクシュアリティも尊重する関係性について考える（グループワーク）
③再度自分が他者との関係性で重要視したいことを考える

この授業に関する詳細は、p.130〜139の巻末資料と
http://www.edu-ctr.pref.kanagawa.jp/kankoubutu/h26/chouken13/chouken13pdf/chouken13_10.pdf をご覧ください。

　この授業を実施するにあたっては、計画段階から学年会等で目的や方法を話し合いながら、生徒の実態に合わせて計画していくとよいでしょう。2時間目の学級担任が実施する授業については、展開例として授業シナリオを作り、担任の不安や負担を軽減する工夫をしています。
　性の多様性というデリケートなテーマを扱うことに、最初は戸惑う教員もいるかとは思いますが、実際に実施した先生方からは、生徒との関係性の深まりを感じた、やってよかったとの感想が寄せられています。

Point 1 "隠れたカリキュラム"に気づこう

　学校で学ぶことは、教科書に書いてあることだけではありません。子ども同士の関わりや教職員との日常的なやりとりの中で、様々な無意識の学びがあります。これを"隠れたカリキュラム"といいます※。セクシュアルマイノリティに関する隠れたカリキュラムは、例えば「ホモやおかまという言葉を笑いのネタにする」ということです。いわゆる「女性らしい」と考えられている特徴をもつ男性を「おかま〜」などと言ってバカにしたり、同性同士がとても仲良くしているのを見て「お前らホモ（レズ）みたいだな」と言って笑いが起きたりすると、そう言われた子だけでなく、その周囲に居る子どもたちも「おかま」や「ホモ」は侮蔑の対象になる、笑ってもいい存在だと学習します。特にその発信者が教職員であれば、子どもたちは疑いもなく学習するでしょう。

　こうした隠れたカリキュラムによる「先入観」の存在に気づき、振り返って考えることが大切です。逆に、「自分も含めてセクシュアリティは多様なものだ」、「それを侮蔑するような態度はマナー違反だ」という隠れたカリキュラムが定着していくことを目指したいものです。

※ Philip W. Jackson, "Life In Classrooms", (1968)

■ セクシュアルマイノリティの生徒が生活しやすい環境づくり

　トランスジェンダーの子どもたちが生活のしづらさを感じるのは、制服やトイレ、宿泊行事などの生物学上の性別が大きく影響する場面でしょう。

　こういった生活しづらさに対する個別対応については次の項（p.97〜）で詳しくお話ししますが、学校全体の環境調整としては、男女の区別がつきにくい制服（ブレザー＋スラックス等）を制定したり、誰でも使える多目的トイレを設置する、男子トイレもすべて個室化するなどの整備が進むことが理想です。

　また、健康診断や宿泊行事などの場合は、セクシュアルマイノリティに限らず「心配がある人、配慮が必要な人は相談してください」と全体に声掛けをすることで、申し出やすくなるでしょう。

■ **相談しやすい環境づくり**

　個別支援の入り口としては保健室が適していると思います。保健室は、「おなかが痛い」などの体調不良を理由として訪れることができ、周りの目を気にせずに教員と1対1で話せる機会を作りやすいからです。
「この保健室ならセクシュアリティの相談ができそうだ」と思ってもらうために、保健室前の廊下に啓発用のポスターを貼ったり（写真1）、本棚に見えるようにマイノリティ関連本を配置したり（写真2）するとよいでしょう。セクシュアルマイノリティのシンボルカラーであるレインボーカラー（p.32参照）をさりげなく飾っておくのも一案です。

　もちろん、養護教諭には最低限のセクシュアルマイノリティに対する理解が必要です。相談が来たときの初期対応について、スクールカウンセラーなどの専門職も交えて事前に校内で確認をしておくと安心です。

写真1

写真2

Point 2 相談を受けるときの注意点

　セクシュアリティの相談を受ける際には、まず児童生徒の話をよく聴くことが何よりも重要です。場所を移動したり、面談中の札を出したり、安心して話ができる空間を確保するようにしましょう。そして、勇気をもって自分に話をしてくれたことに対しては、「ありがとう」を誠心誠意伝えましょう。

　当たり前のことですが、「きっと一時的なものだよ」などと本人の不安や違和感を否定したり、「そうか、あなたはゲイなんだね」などと勝手に枠に当てはめたりするような言い方はせず、本人の感覚を大事にしましょう。

　次に、どうして話してくれる気になったのか、何か困っていることがあるのかなどを確かめます。保護者がこのことを知っているのかどうかも、学校での今後の対応と、その子のメンタルの安定に関わる重要な要素なので、最初に確かめておくとよいでしょう。

　続いて、例えば制服やトイレなどについて特別な配慮を求めている場合には、（連携が必要となるため）ほかの教員に話してもよいかどうか、保護者と相談の上で話を進めてよいのかなど、本人の了承を得ます（初回の相談でここまで具体的に話を進めると、かえって本人を混乱させることも考えられますので、様子をみながら長期的な支援を心がけましょう）。

　参考図書（p.142）や、支援団体のリスト（p.77、p.142）も参考にしてください。最近ではインターネットの普及により、セクシュアルマイノリティ同士が出会えるネット上のコミュニティも増えていますが、中には排他的であったり、買春目的であったり、トラブルに巻き込まれたりして余計に傷つくケースもあります。信頼できる相談先についての情報を事前にもっておくとよいでしょう。

（3）教職員間での意識統一の重要性

　学校の中で、「ホモ、おかま」などといった言葉で笑いをとる場面があります。その場面を当事者の子どもが見聞きしていると、自分も笑いの対象にされるのではないかという危機感を抱き、心を閉ざしてしまう原因となります。
　この時期に肯定的な情報を得ることや、身近に相談する相手がいることは、自己肯定感を高めるためにも重要なことなのです。

■ 教職員の意識調査

　日高が厚生労働科学研究の一環で平成23～25年に全国の6自治体の教員を対象に実施した質問紙調査[※1]によれば、学校でLGBTを取り扱う必要があると感じている先生は全体の6割以上である一方、実際に授業で取り上げたことがある先生は14％でした。また、出身養成機関においてLGBTについて学んだことがある先生は全体の1割以下でした。
　つまり、学校で必要性を感じていながらも、先生自身が学んだことがないという実態が明らかになっています。
　この情報不足を埋めるためには、管理職や教員向けの研修を行い、教員間で意識統一を行っておく必要があります。

■ 全国各地での学校現場に向けたセクシュアルマイノリティ啓発運動

　平成27年4月に文部科学省が全国の教育委員会宛に通知を出した（p.97参照）ことにより、各地の教育委員会や学校においてセクシュアルマイノリティの理解に向けた研修会が開催されるようになってきました。ここではいくつかの地域の啓発資材の制作や配布状況をご紹介します。

〈神奈川県〉
　神奈川県教育委員会では学校教育の中で利用できるように様々なテーマを盛り込んだ「人権学習ワークシート集」[※2]を発行しています。性的マイノリティについては高校編では平成18年に性同一性

※1　平成26年度厚生労働科学研究費補助金エイズ対策政策研究事業「個別施策層のインターネットによるモニタリング調査と教育・検査／臨床現場における予防・支援に関する研究」

※2　神奈川県教育委員会のホームページからダウンロードできます。
http://www.pref.kanagawa.jp/cnt/f7295/

障害が取り上げられ、小・中学校編では平成26年に初めて取り上げられています。さらに、平成27年1月には教職員向けのリーフレット（図）を作成し、県立学校の全教職員に配布しました。平成21年度から23年度まではNPO団体（SHIP）との協働事業において、NPO団体が制作したDVDやポスターなどを県内の中学・高校へ配布しました。

横浜市教育委員会では、平成26年にNPO団体（ReBit）が男女共同参画センター横浜からの助成で制作した「男・女だけじゃない！」を、市立学校に配布しました。また、横浜市教育文化研究所では、平成27年に教育情報誌「JAN」に「特集：LGBT 性的マイノリティー」を掲載、市立学校の全教員に配布しました。

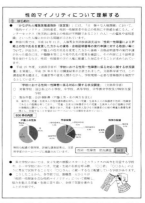

図　神奈川県教育委員会「性的マイノリティについて理解する」より

〈奈良県〉

奈良教職員組合と市民グループ「性と生を考える会※」では、共同で「教職員のためのセクシュアル・マイノリティサポートブック」を2010年に作成し、全組合員と奈良県内の幼・小・中・高、特別支援学校及び教育委員会に配布しました。ホームページからダウンロードすることもできます（2015年に第3版）。

※「性と生を考える会」　http://say-to-say.com

〈西宮市〉

西宮市教育委員会と西宮市の教職員で構成された人権教育研究委員会では、平成26年に「すべての子どもに、温かな居場所を」を制作して、西宮市立学校の全職員に配布する取り組みが始まりました。

このような取り組みは、たとえ学校に周知したとしても全職員の理解が一気に高まるものではありませんので、教育委員会をはじめとして教職員組合、養護部会など、あらゆる方面から継続的に情報を提供していく必要があります。

(4) セクシュアルマイノリティの子どもへの個別の対応

　2015年4月30日、文部科学省は「性同一性障害に係る児童生徒に対するきめ細かな対応の実施等について」を発表し、性同一性障害と「性的マイノリティ」とされる児童生徒への対応についてまとめ、全国の小中高等学校等に通知しました。
　これは主に、自身の性に対して違和感や不安をもつ生徒に対する個別の対応について、これまでよりも具体的にまとめたものです。また、これまで触れられてこなかった同性愛等の性的指向の問題についても"「性的マイノリティ」とされる児童生徒"として初めて取り上げました。全文は文部科学省のホームページで確認できます[※]。
※ http://www.mext.go.jp/b_menu/houdou/27/04/1357468.htm

　ここでは、この通知の内容を簡単にまとめながら、個別対応のポイントをまとめていきます。ただし、これらの内容については、あくまでもポイントであり、実際はその時々の本人や家庭の状況等に応じて取り組むことが大切です。

①学校内外で連携し、組織的に支援する

　児童生徒から相談を受けた場合、児童生徒の秘密を守ることはもちろん重要ですが、教員一人で抱え込まない、ということも大切です。児童生徒との信頼関係を築いた上で、教員間の情報共有が必要であることを、当該児童生徒（及び必要がある場合は保護者）に理解してもらい、対応を進めていきましょう。

> **Point**
> 　中には誰にも（特に親には）口外しないでほしいというケースもあると思います。本人の了承を得ずに性的指向や性自認について口外することを「アウティング」といい、非常に大きな精神的ショックを与えたり、不信感を生んだりする可能性があります。焦らずに当該児童生徒の不安を受け止め、まずは「大人（先生）が普通に聴いてくれた」という安心感と信頼を生む

ことができるように接していきましょう。学校生活上の不都合について、本人から相談をしてくれるようになれば「それは私一人では判断できないから、ほかの先生たちにも理解してもらおう」などと伝えれば、本人から情報共有の了承を得ることは難しくないと思います。

　保護者にカミングアウトすることは、セクシュアルマイノリティの児童生徒にとって人生の一大イベントです。本人の意思を最大限尊重することが重要であり、了承なくアウティングするべきではありません。しかし同時に、学校として保護者の理解が得られなければ対応できないこともあるため、それを本人に提示し、不安や悩みに寄り添いながら長期的な支援を心がけていきましょう。中には、命に係わる事態や金銭トラブル等、学校だけでは対応できない重大なケースもあるかもしれません。そのような場合でも、保護者に伝える際には必ず本人にその必要性を十分に説明し、理解を得て支援を進めるようにしましょう。

　また、保護者に対しては、学校生活の様子、家庭で心配な点など双方向の情報共有を密にし、信頼関係を築いておくことがすべての支援の土台になるでしょう。

②医療機関と連携して支援する

　性別違和を訴える児童生徒がいる場合、専門的な助言を得るためには、医療機関との連携が重要になります。セクシュアルマイノリティについての専門的な医療機関はまだそれほど多くはありませんが、思春期の子どもを診ることができ、カウンセリングも丁寧に行っている信頼できる医療機関に相談するのもひとつの選択肢です。また、医療機関に相談するにあたって、本人や保護者の了承が得られない場合は、一般論として医療機関からの助言を受けるなどの方法もあるでしょう。

　診断名がつかない場合であっても、子どもの悩みや不安に寄り添い、保護者の意向等も踏まえて必要な支援を進めることが大切です。

Point
　同性愛などの性的指向について、現在「いかなる意味におい

ても治療の対象にはならない（1990　WHO）」と国際的に認識されています（p.24参照）。

　一方、性別に対する違和感については「性同一性障害」と診断され、医療につながる可能性があります。ただ、本人の困り感が「いますぐホルモン治療を受けたい」ということよりも、「制服がつらい」といった学校生活上のものであれば、病院に行かなくても対応することができるでしょう。また、本人や保護者が病院に行くことを躊躇している場合には、通院を無理強いせず、学校でできる支援をしていきましょう。学校は、専門家の助言等を参考に、職員研修で一般論としての理解を深め、個別の支援方針を全職員で共有していく必要があります。

　また、思春期はセクシュアリティが揺れる時期ですので、すぐに診断がされないこともあります。診断名の有無によって本人の悩みや不安がなくなるというわけではありませんから、本人や保護者の話をよく聞き、学校生活上の困難を少しでも減らしていく支援が必要です。

　性的指向・性別違和を抱えている児童生徒が、そのことが影響して自傷行為や心身症などの症状に苦しんでいる場合には、セクシュアルマイノリティに理解のある医療機関やカウンセラーにつながるよう、本人や保護者の納得を得ながら支援を進めていきましょう。

　また、日本のゲイ・バイセクシュアル男性を対象にした調査※では、日本のゲイ・バイセクシュアル男性の性被害の生涯経験割合が21.4％と高いこともわかっています。精神面が不安定な児童生徒の場合はそのような可能性も視野に入れて、専門機関との連携を図っていきましょう。

※ PLoS One. 2014 May 6；9（5）：e95675. doi：10.1371/journal.pone.0095675. eCollection 2014. Prevalence of sexual victimization and correlates of forced sex in Japanese men who have sex with men.　Hidaka Y, Operario D, Tsuji H, Takenaka M, Kimura H, Kamakura M, Ichikawa S.

③先入観を持たず、個々の児童生徒のその時々の状況に応じて支援する
　セクシュアリティは多様であり、個々人によって悩みの程度や学校で支援してほしい内容が異なるため、本人・保護者の意向をよく

聞き取ることが重要です。

　思春期はセクシュアリティが揺らいでおり、その時々で本人の気持ちが変わっていく場合もあります。一度支援方針を決めたら解決ではなく、継続的に子どもの気持ちを聞き、変化を見守りながら必要に応じて支援内容を見直していきましょう。

> **Point**
> 　どのような支援を学校側に求めるかは、その子によって違います。性的指向についてであれば、周囲が性の多様性を理解している雰囲気さえあれば生活しやすくなることも考えられます。性別違和の場合は、学校側に求める対応は一人ひとり程度が異なりますから、本人の希望をよく聞くことが大切です。
> 　中には「自分は同性愛だと思っていたが、性別違和の方が強いかもしれない」などと本人の主張が変わってくる場合もあります。もし児童生徒がカミングアウトしてくれたとしたら、それは信頼の証拠ですから、折を見てこちらから様子を聴き、その時々の不安や戸惑いに耳を傾けましょう。

④ほかの児童生徒への配慮と均衡を取りながら支援を進める

　ほかの児童生徒に不公平感等が生まれないように、留意することも大切です。当該児童生徒・保護者の意向等を踏まえて、ほかの児童生徒・保護者と必要な範囲の情報共有を進めることも考慮に入れておきましょう。

　また、セクシュアリティのことに限らず、いかなる理由でもいじめや差別は許さない学級づくり、学校づくりを進める必要があることは言うまでもないでしょう。

> **Point**
> 　当事者の子どもの支援にばかり目が向いていると、「どうしてあの子だけ職員トイレを使えるの？」「ジャージで生活していいの？」などの声があがる可能性もあるでしょう。ほかの子どもたちに不公平感が生じないようにするためにも、できる支援はするが、特別扱いはしないという姿勢が重要になります。対応

策としては、例えば「具合の悪い人はみな職員トイレを使用してよい」とか、けがなどを含めて特別な事情があれば「異装届」を提出することで、制服以外の着用を一定期間認めるといった、すべての児童生徒に適用できる状況を整える方法があります。

また、入学時に他の児童生徒や保護者にカミングアウトする機会を設けるという場合も考えられますが、こういった対応は校長のリーダーシップの下、考えうるメリット・デメリットを当該児童生徒と保護者に十分伝え、その意向を確認した上で、教職員の共通理解・協力体制にも万全を期して進める必要があります。

性的指向や性別違和の影響でからかいやいじめが起きている場合には、本人のセクシュアリティのアウティングに注意しつつ、その他のいじめ等の対応と同じように学校全体で対処していきます。

⑤当該児童生徒と保護者の関係性を大事にする

保護者が、子どもの悩みを受容している場合は、緊密に連携しながら支援を進めることができます。

保護者が、子どもの悩みを受容していない場合は、学校生活上の悩み・不安の軽減や、また、問題行動の未然防止などを目的として保護者と十分話し合い、可能な支援を行っていきましょう。

Point

保護者にとって、子どもがセクシュアルマイノリティであることを受容するのは簡単なことではなく、理解に時間がかかることもあります。保護者がセクシュアリティについて学習できる機会や、家族会などの相談できる人や場を紹介するなどの支援を進めましょう。そのために校内で役割分担をして保護者に対応することも必要です。

セクシュアリティについての受容が困難な場合でも、保護者にとって子どもが楽しく学校生活を送れることは共通の願いです。学校としては、当該児童生徒の成長と充実した学校生活のために、保護者との情報共有を重ね、可能な支援を模索していきましょう。

(5) 保護者への対応

■ 保護者全体に対して
　多くの保護者は、これまで性の多様性について学ぶ機会がなく、「隠れたカリキュラム（p.92）」により男女二元論で性を理解している可能性が高いでしょう。ですから、保護者が性の多様性を学ぶ機会をつくることも重要です。例えばPTAの学習会のテーマに設定したり、児童生徒向けの学習に参加してもらったりという形態が考えられます。その他にも、学校だよりや保健だより、学級通信などの配付物の中で性の多様性について触れたり、保健委員会の研究テーマに据えて、学習発表会や文化祭で発表したりするなど、様々な方法があります。

■ セクシュアルマイノリティ当事者の保護者の場合
　自分の子どもがセクシュアルマイノリティであると知ったときに、ショックを受ける保護者は少なくありません。そして「そんなのは思い過ごしだ」などと子どもの主張を拒否したり、自分の育て方が悪かったのではないかと自分を責めたりしてしまうことがあります。また、その事実や気持ちを夫婦間でさえも共有することが困難で、保護者個人が孤立してしまうケースや、世間の目を気にするあまり子どものつらさに寄り添うことが難しい場合もあります。
　保護者のショックや孤立感、将来への不安などが強い場合には、そうした気持ちを安心して話せる人や場が必要です。セクシュアルマイノリティの親の会といった自助グループや、セクシュアリティに理解のあるカウンセラーなどの利用を勧め（p.77、p.142参照）、保護者が葛藤を受け止められるように支援していきましょう。
　また、校内で性の多様性についての学習機会を設けて参加を促したり、児童生徒向けの保健講話などで周囲の児童生徒たちの受容的な様子を観察してもらうことで、保護者の安心感が増すといったことも期待されます。
　保護者の受容が進んでいる場合は、本人にとって学校がより伸び伸びと可能性を発揮できる場になるよう、必要な支援について本人

と保護者の意向を踏まえながら、連携して支援にあたります。状況に応じて医療機関との連携についても保護者と相談します。

　また、一方ではほかの子どもからの不公平感・不信を生まないために、例えばほかの保護者への説明会を設定するなど、本人・保護者の了承や協力が必要になることもあります。このような対応は、当事者の子どもへの支援を通じた保護者との信頼関係によって可能になります。一人で抱え込むのではなく、学校内で役割分担をし、子どもの話を聴く窓口は担任、保護者の話を聴く窓口は管理職、などとチームで支援することが大切です。

(6) 同性愛、両性愛（LGB）の児童生徒への対応

　LGBの人口は3～5％、つまり、20人に1～2人はいると推定されています。しかし、多くのLGBは自分の性的指向が知られることによるいじめや偏見を恐れて、異性愛者を装うなどして生活しています。そして、実際に「ホモ・おかま」といった言葉のいじめによる被害を受けている率も高く、抑うつや自殺未遂等のメンタルヘルスに重大な問題を抱えやすいことがわかっています。また、保健体育の教科書には「思春期になると異性への性的関心が芽生える」と説明されているため、「自分が異常なのだ」と余計に自尊感情を低めている場合もあります。現在の日本では、社会的に性的指向をオープンにして活躍している人が少ないため、将来への展望がもてず、学校生活での意欲が低下するケースもあります。

　そして、LGBの問題としては性感染症のリスク※や、交流サイト等での人間関係のトラブル等に巻き込まれるリスクがあることも知っておかなくてはいけません。

　LGBなどの異性愛以外の性的指向は「疾病」ではありませんから、本人自身と周囲の人間が多様な性的指向を理解し、共生できる良好な環境を整えることが重要になります。

　そして、実際にメンタルヘルスに重大な影響が生じている場合には、セクシュアリティに理解のある医療機関やカウンセラーにつないでいく必要があります。

※日本におけるHIV感染者の8割は男性同性間の性的接触によるものです。避妊目的だけでなく、性感染症予防のためにコンドームを使用することの重要性がまだまだ周知されていない可能性があります。

■ 対応のポイント

同性愛は治る？

　同性愛は病気ではありませんから、性的指向を自分の意思で変えたり選んだりすることはできません。間違っても「いずれ治るよ」などと言わないようにしましょう。本人が自分の性的指向を受け入れ、肯定できるように、まずは相談を受けた人がありのままのその子を受け入れ、肯定することが大切です。

「彼女（彼氏）いないの？」
　日常のなにげない会話の中で異性愛を前提とした話をしてしまう場合があります。そういった先入観に多くのLGBは傷ついています。

将来どんな仕事をしたらいいの？
　多くのLGBは異性愛者を装って生活している状況にはありますが、様々な職業について社会的に活躍している方が大勢います。LGBだから将来の仕事は限定されているなどと悲観する必要はありません。

カミングアウトしなくちゃいけないの？
　成人であっても多くのLGBはそのことを親にカミングアウトしていないことがわかっています。身近な大切な存在であるほど、結果を不安に思うことも多いのでしょう。自分に打ち明けてくれたとしても、誰にいつどこまで話すかは、そのときの状況や本人の希望を尊重して、了解なくアウティングするようなことは決してしないようにしましょう。

同じような性的指向の人にどこで会えるの？
　現在では、地域やインターネット上などでLGBのコミュニティがたくさん見られるようになりました。同じような立場や年齢の人との交流は、自分に自信を持ち、さらに自分自身のセクシュアリティを深く理解するのに役立ちます。信頼できるコミュニティの情報を収集し、生徒に紹介できるようにしておきましょう。しかし、参加するコミュニティが必ずしもその子のニーズに合ったものであるとは限りません。自分の気持ちをわかってほしい、同じような仲間に出会いたいという思いでやっと心を開いた場所で、さらに受け入れられずに傷つくこともあります。そういった例も事前に伝えておきましょう。

インターネット上のコミュニティは安全なの？
　インターネットで検索をすると、中には出会い系サイトや成人向けのサイトが多く表示されます。孤独感に耐えられずそのようなサイトに年齢を偽ってアクセスすると、本人は精神的なつながりを求めていたのに、性行為目的の見ず知らずの相手と会うというリスクにさらされる場合があります。ゲイの児童生徒には、男性同性愛者間でのHIV感染者が増加していることもきちんと伝え、リスクの高いサイトとは距離を置くように忠告しておきましょう。

（7）同性愛、両性愛の児童生徒が巻き込まれやすいトラブル

■ いじめ・不登校・自殺未遂

2014年に日本在住のゲイ・バイセクシュアル男性20,821人を対象に実施した調査によれば、小中学校の学齢期にいじめ・不登校・自傷行為など様々なトラブルが起こっていることがわかっています。

いじめ被害生涯経験率は全体の55.7％（10代に限定すれば43.8％）であり、不登校経験は17.6％（10代では22.7％）、刃物などで自分の身体を傷つける自傷行為経験は9.6％（10代では17.6％）、であると示されています。自傷行為経験率については、首都圏の男子中高生を対象にした調査では7.5％とされていることから、単純に比較しても2倍以上であることが示唆されています（下図）。

日本国内におけるセクシュアルマイノリティ女性を対象にした調査はごく少ないのですが、民間団体が実施した調査[※1]には、非異性愛と回答した女子のうち45％に言葉による暴力被害経験があるというデータもありました。また、米国での研究[※2]では女性のパートナーをもつ女性のうち15％にうつ傾向があることがわかっています。今後、わが国においても国内研究が進むことで明らかになっていくことでしょう。

現在の日本は異性愛を前提とした社会であり、その中で、同性愛

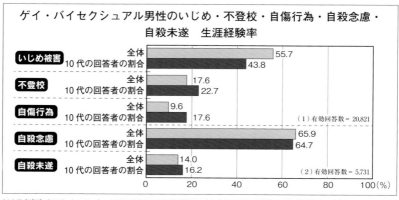

(1) 日高庸晴（2015）インターネットによるMSMのHIV感染リスクに関する行動疫学研究、厚生労働科学研究費補助金 エイズ対策政策研究事業 個別施策層のインターネットによるモニタリング調査と教育・検査・臨床現場における予防・支援に関する研究
(2) 日高庸晴、木村博和、市川誠一（2007）厚生労働科学研究費補助金エイズ対策研究推進事業 ゲイ・バイセクシュアル男性の健康レポート2

者は「異質なもの」と見なされることや、伝統的な男性性・女性性をもっていないと周囲から捉えられる場合もあり、いじめ被害や不登校といった困難な出来事が学齢期に集中して発生しています。それゆえに、この時期に自尊感情を決定的に傷つけられる経験をしてしまう場合が多くあり、自傷行為などにもつながってしまうと考えられます。

以上のことから、教員やスクールカウンセラーには、いじめ・不登校・自殺念慮など思春期青年期に迎える危機的な出来事の背景のひとつとして、性的指向の関与がある可能性も視野に入れて対応することが求められます。

また、自治体においては、心の健康センターなどの機関でもセクシュアルマイノリティへの支援的対応が可能になるよう、準備が必要です。

※1　いのちリスペクト。ホワイトリボン・キャンペーン「LGBTの学校生活に関する実態調査」（2013）
※2　Susan D. Cochran and Vickie M. Mays "Relation between Psychiatric Syndromes and Behaviorally Defined Sexual Orientation in a Sample of the US Population" *American Journal of Epidemiology*, Vol151

■ 性感染症

1年間に国に報告されるHIV[※1]感染者・AIDS患者はおよそ1,500人程度です。感染経路別に集計すると、男性同性間における性的接触によるものが、報告の7割を占めることがわかっています。ただし、この統計は初診時に患者が医師に対して自己申告した

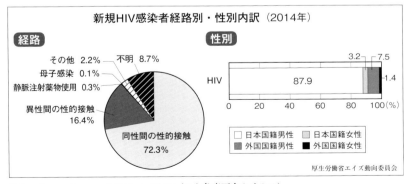

※1　Human Immunodeficiency Virus（ヒト免疫不全ウイルス）

「感染の心あたり」に基づいているため、初診時に感染の心あたりを正直に話すことを戸惑った人もいる可能性を考えると、実際の割合はこれより大きいといえるでしょう。

ではなぜ、男性同性間にHIV感染が集中しているのでしょうか。まず一つに、異性愛者に比較してゲイ・バイセクシュアル男性はマイノリティであり、友だちの友だちは以前自分が付き合っていた人、ということも少なくありません。そのため人的ネットワークがある意味密接であるともいえ、そういった関係性の中にウイルスが入れば感染が広がりやすいともいえます。

また、筆者らの調査[※2]によれば、ゲイ・バイセクシュアル男性の8割程度が過去半年以内にアナルセックスの経験がありますが、直腸粘膜は傷つきやすく吸収しやすいという特性を考えると、コンドームによる予防がない場合は、よりウイルスに感染しやすくなります。このようなことから、HIVを含む性感染症予防にコンドームの適切な使用が必須であることについての啓発運動が進められています。

ただし、ゲイ・バイセクシュアル男性の多くはHIVや性感染症についての基本的な知識保持レベルは比較的高いといえる現状もあり、知識だけで予防行動を促進することは難しいことがわかっています。例えば、学齢期にいじめ被害経験率が高く自尊心を決定的に傷つけられる経験をしている人が多いことに加えて、カミングアウトの困難さからストレス過多な日常生活があり、そういった生育歴や心理的要因も予防行動を阻害していると考えられています。

※2　日高庸晴（2015）インターネットによるMSMのHIV感染リスクに関する行動疫学研究、厚生労働科学研究費補助金　エイズ対策政策研究事業　個別施策層のインターネットによるモニタリング調査と教育・検査・臨床現場における予防・支援に関する研究

事例

同性愛の男子生徒との３年間の関わり

県立高校　養護教諭

　B君が保健室を訪れ「自分は同性愛者である」とカミングアウトしてくれたのは１年生の夏休み前のことでした。来室のきっかけは廊下に掲示していた、性的マイノリティのサポート活動をしている特定非営利活動法人SHIPのニュースレターを見たことだったそうです。

　B君はその後も、月１回以上は来室し様々な相談をしていましたが、その内容は自らの性的指向についてだけではなく、シングルマザーの母親との関係や、成績のことなども含まれていました。B君は成績優秀な生徒でしたが、親の期待が大きく、例えば100点満点で95点をとっても、残りの５点についてしかられるなどということが重圧になっていたようです。B君は性的指向や成績など様々な面で「親の期待に応えられない」という気持ちを強くし「親に申し訳ない」と繰り返し発言していました。

　人懐っこく友人も多かったB君ですが、周りの友人はみな異性愛者であり、何気ない会話の中に盛り込まれる同性愛者をからかうような言葉に傷つき「本当の意味で自分を理解し、受け入れてくれる人はいない」と感じていたようです。

　このように、B君の自らの性的指向についての悩みは、自己肯定感の低下にもつながり、ときには自傷行為を行うこともありました。

学校内でのB君への対応

　B君の告白を受け、校内では名前を伏せた上で「同性愛という性的指向で悩んでいる生徒がいる」ということを教員全体で情報共有し、表立った対応ではないものの、差別のない環境づくりへの配慮をしました。また、担任教諭に母親に認めてもらえない心理状況について理解してもらい、担任教諭が間に入って母親に対して「（成績について）できたところも見てほしい」と伝えられるようになったことで、自傷行為も徐々におさまっていきました。

総合的な学習の時間を使った取り組み
　以前から2学年の総合的な学習の時間に行う授業でセクシュアルマイノリティについて扱ってきました。B君が2年生になり、この授業は当事者のB君には負担が大きいかもしれないと悩みましたが、結果的には授業の資料作りに協力してもらうことに決めました。「何も知らない人たちにわかってほしいことはなに？　伝えたいことある？」と聞いたところ、B君は「同性愛っていうと、同性なら誰でもいいと思われている気がするけど、"その人"だから好きになるんです。普通の恋愛と一緒です。それをみんなにわかってほしいです」と、とても貴重な意見をくれました。この一文からも、B君がそれまでどのような言葉に傷ついてきたのかが感じられるように思います。そして、私の当初の不安をよそに、授業にも普通に参加していました。
　授業後のアンケートには、多くの生徒から「セクシュアリティの多様性について学べた」「たくさんの愛の形があることがわかった」「この先、同性愛者の友人ができたら理解してあげたい」という感想が並んでいました。B君の感想も「自分と他人の違いについて前向きに考えられるようになった」というもので、自分の想いが授業の中で伝えられたことはB君の自信にもつながったのではないかと感じました。

ネット掲示板
　3年時になってB君が「ネットで知り合った男性につきまとわれている、性感染症にかかっているかもしれない」という相談に来ました。B君はどうしようもない寂しさを抱え、ネット掲示板を利用するようになっていたそうです。同じころにシングルマザーであった母親が再婚したことが、B君の寂しさに影響していたのかもしれません。掲示板を通じて知り合って関係を持った男性に良くないうわさがあることを知り、怖くなってしまったということでした。そこで、性感染症の検査も行っている先述のSHIPの交流スペースをB君に紹介しました。
　SHIPで検査を受け、感染していないことがわかったことはもちろん、自分を偽らずに話を聞いてもらえる場があって、自分は一人

ではないことを知ったことが、B君にとってひとつの転機になりました。その後は自分と同じような悩みを抱えている人を勇気づけられる活動をしたいと、新聞社の取材などにも協力するなど、自信と明るさを取り戻し、ネット掲示板からも距離を置くことができました。

最後に
　同性愛者は、思春期から出会い系サイトなどにつながってしまう例は珍しくないそうですが、彼らが出会い系サイトにアクセスするのは、恋人が欲しいという気持ちよりも、ただ自分の性的指向について偽らずに話せる相手が欲しい、理解してほしい、という気持ちが強いからなのだそうです。普段からありのままの自分を表現できずに過ごしているセクシュアルマイノリティの子どもたちに、家庭環境の変化など大きなライフイベントがあった時には、それが引き金となって危険な行動に走ってしまうことがあるということをB君に教えられました。継続的かつ積極的な支援が足りなかったと反省する事例でしたが、「学校の先生に相談したその先に必要な支援がある」と思ってもらえたことは、非常に重要なことであったと思います。
　B君は幸いなことに被害の少ないうちに自分のセクシュアリティを受け入れ、また母親にも受け入れてもらうことができ、現在は安定した大学生活を送っているようです。
　そのB君が人間の性について次のように語ってくれたことが非常に印象に残っています。
「自分としては、あんまり性別の型にはめる必要はないんじゃないかなって思います。やっぱり一人ひとり違うわけですし。なんか、確かに自分は男の人が好きで、自分の性別も男だと思ってるけど、だからゲイですっていう型のはめ方もしなくていいんじゃないかなって」

> 事例

生徒保健委員会による「恋愛」についての研究支援事例
県立高校　養護教諭

支援のきっかけ
　文化祭で行う生徒保健委員会の研究発表に、生徒が「恋愛」を取り上げたいと希望しました。企画をした2年生の保健委員たちは、高校生らしい恋愛への興味関心から、好きなタイプの異性についてアンケートを作成しました。
　本校では以前より、人権学習として3年生を対象にセクシュアルマイノリティ当事者の方による講演を実施していましたが、恋愛を研究対象としたことをきっかけに、視野を広める学びの機会を与えたいと考え、多様な性の問題をサポートしている団体（SHIP）があるので取材に行ってみないか、と投げかけました。SHIPは『かながわボランティア協働基金』を受けている団体であったため、その公共性から生徒引率にふさわしいという保健委員会顧問としての判断もありました。
　同性愛について学ぶ場が身近にあることに、生徒は驚いて興味を抱いていました。取材の際に興味本意な言動になりはしないか、保健委員の発表が偏見を助長してしまうのではないか、という心配もありましたが、学校の外に出て、現場の人・物・事に出会い、考えることから変化が起こることに期待しました。

取材から発表まで
　SHIPへの取材は、保健委員会を担当する社会科教員が引率しました。40人のうちに1～2人は同性愛をはじめとするセクシュアルマイノリティの人がいることや、性的に目覚める思春期に自分が異常なのではないかと孤立し悩んでいること、そのために自殺を考える割合が高いことなど統計上の事実を学ぶとともに、SHIPを訪れる若者の切実な悩み、安心して話し合える仲間と出会えたときの安堵感などについて、当事者の方から直接お話を伺うことができたようです。
　SHIPを訪問して、当事者の切実な悩みや苦悩に触れた保健委員

の生徒は、これまでの軽率な発言（「おかま」、「キモイ」など）を振り返って反省し、後悔するとともに、そうした偏見をなくせるように、学んだことを文化祭でしっかり伝えたいと展示資料を作成しました。

　差別や偏見は、他人事ではなく自分にも関係があることなのだと実感し、深く学んで資料づくりに取り組む生徒の成長と変化を、養護教諭として見守ることができました。

発表を見た保護者の反応
　発表を見た保護者から「自分の子どもに打ち明けられたら……親としての心構えができていない」「親の立場で学ぶ必要があるのでは」という声があがり、後日にはＰＴＡ広報担当の保護者もSHIPを取材し、広報に特集記事を組んで発行しました。

今後について
　本校では女子の制服にパンツスタイルを取り入れていますが、それ以外での積極的な配慮は今のところ特にしていません。
　文化祭の発表について生徒から直接的な反応が寄せられることはありませんでしたが、廊下に掲示したセクシュアルマイノリティのポスターは、いたずらされることもなく生徒の目に触れています。また、ポケットサイズのチラシはいつの間にか減っているので、関心のある生徒の手に届いているようです。自分らしく自然体でいられる学校風土にしていくために、これらの環境づくりと人権学習としてのセクシュアルマイノリティの講演会は、引き続き実施していきたいと考えています。

(8) 性別違和（性同一性障害）のある児童生徒への対応

　自分がどの性別に属するのかという性自認の芽生えは、3〜5歳頃だといわれています。

　性別違和のある子どもの場合、小学校に入学して男女がはっきり区別されるときに、自分の性自認と周囲からの扱われ方の違いに衝撃を受けるという話を聞きます。そして、思春期に入り二次性徴が始まると、身体と性自認との違和感は日ごとに増大していくでしょう。制服の着用などがハードルとなって、中には通学が困難になる子がいます。

　通学が可能だとしても周囲におかしいと思われないように「普通」に振る舞い続けることや、将来への不安、ありのままの自分を誰にも打ち明けられない孤独感などから、人知れず心身を病む生徒もいます。

　その子の学習権を保障し、将来に希望を持って学校生活を送れるよう支援していくためにも、そのような心身の状況を理解し、少しでも生活しやすい状況を整えてあげることが大切です。

■ 実際の対応例

　性別違和のある児童生徒は、社会生活上の様々な問題を抱えている状況にあります。特に児童生徒の生活の中心ともなる学校現場では、その問題を少しでも軽減すべく、児童生徒の意思を尊重した上でのきめ細やかな対応の実施が求められています。

　文部科学省が2014年に行った全国の学校における対応の状況を調査した「性同一性障害に係る対応に関する状況調査」によると、配慮有りとしたのは62.2％、配慮無しは37.6％、無回答0.2％、と報告され、当事者の子どもの約6割に、学校側から何らかの特別な配慮がなされていることが明らかになりました（p.124参照）。

■ 性別違和のある生徒に対する支援の事例

以下はあくまでも一例であり、「性同一性障害」と診断された場合でも、具体的な対応は一律ではなく、個人個人で異なります。特別な対応を希望しない場合もあるので、あくまでも本人の希望に沿って対応の計画を立てましょう。

服装／制服

- 自認する性別の制服や衣服、体操服の着用を認める
- 校内でのジャージ着用を認める
- 女子生徒の制服にもスラックスのものがあるため、常時スラックスを着用している

MTF 高校生の事例
学ランを着るのが嫌で、学校に着くとすぐジャージに着替えていました。

髪型

- 男子生徒の髪型を規定する校則があるが、例外的に長髪を認めている（MTF）

トイレ

- 職員トイレや多目的トイレなどを利用する

FTM 中学生の事例
男性として登校しているため、自認している性別のトイレを利用しています。

更衣室

- 保健室や多目的トイレなどを利用する

呼びかけの工夫

- 自認する性別として名簿上も扱う
- 男女とわず「～さん」呼びで統一している
- 入学時に希望する呼称を聞き、その呼称で呼んでいる

運動部での活動

- 自認する性別での参加を認める（ただし校外試合などは戸籍上の性で参加）

水泳やユニフォームがある課外活動

- 上半身が隠れる水着の着用を認める（MTF）
- 当日は見学し、別日に個別に補習を実施する

FTM 高校生の事例
ユニフォーム着用の課外活動では、男性用を学校側に申請してもらいました。

修学旅行

- 1人部屋の使用を認める
- 入浴時間をずらす、もしくは室内の風呂を利用する

FTM 中学生の事例
小学校からの持ち上がりで、女子生徒とも仲がよく、修学旅行では女子生徒と同室でも構わないと本人も周囲の生徒も言っていたため、特に対応はしませんでした。

医師に聞く 養護教諭が知っておきたい性同一性障害の基礎知識

回答：中塚 幹也 先生
　　　岡山大学大学院保健学研究科 教授／岡山大学ジェンダークリニック
　　　医師／GID（性同一性障害）学会 理事長

Q1. 性同一性障害の診断はどのように行われますか？

　「性」は多様な要素から構成されています。
　生物学的性（Sex）は、①性染色体（男性型はXY、女性型はXX）、②内・外性器の解剖（陰茎、精巣、膣、子宮、卵巣など）、③性ステロイドホルモン（男性ホルモン、女性ホルモン）のレベルなどから決定されます。生物学的性は「身体の性」とも呼ばれ、診察や画像診断、血液検査により判別されます。
　社会的性（Gender）は、①性自認（物心ついた頃から表れる「自分は男（または女）」という性の自己認識）、②性役割（男性として、女性として果たしている役割）、③性的指向（恋愛や性交の対象となる性別）などからなります。
　性同一性障害（Gender Identity Disorder：GID）とは、「身体の性」と「心の性」とが一致しない状態であり、自身の身体が自身のものではないような感覚である「性別違和感」をもちます（表1）。心の性は男性、身体の性は女性であるfemale to male（FTM）と、心の性は女性、身体の性は男性であるmale to female（MTF）とに分類されます。
　性同一性障害の診断は「性自認」に着目します。性役割や性的指向が男性か女性かは問いません。この点では、「性

的指向」に着目し、それが、身体の性と同じ性別に向かう同性愛や、性器、ホルモン、染色体などが非定型的である性分化疾患 (Disorders of Sex Development: DSDs) とは、診断の視点が異なります。

表1. 性同一性障害の鑑別

		生物学的性（セックス）			社会学的性（ジェンダー）		
		遺伝子・染色体	性器の形態	性ホルモン	性自認	性的指向	性役割
性同一性障害(GID)	MTF	男性	男性	男性	女性	問わない(男)	問わない
	FTM	女性	女性	女性	男性	問わない(女)	問わない
同性愛	ゲイ	男性	男性	男性	男性	男性	問わない
	レズビアン	女性	女性	女性	女性	女性	問わない
性分化疾患(DSDs)		特定されない（疾患・個人により異なる）			問わない	問わない	問わない
					（疾患・個人により異なる）		

性同一性障害の診断には性的指向を問わないが、典型例では（ ）内の性の方へ向かうため、外見的には同性愛（ホモセクシュアル）のように映る場合もある。しかし、性自認（心の性）からみると異性愛（ヘテロセクシュアル）である。また、アセクシュアル（無性愛）、バイセクシュアル（両性愛）の場合もある。性自認も揺れることもあり、特に、子どもの場合は慎重な観察が必要である。同じ性分化疾患（例えば副腎過形成）であっても症例により性自認は女性であったり、男性であったりする。また、上記以外の多様な形をとり得ることにも留意する必要がある。

Q2．性別違和感を持つ生徒の抱えやすい問題について教えて下さい

　岡山大学ジェンダークリニックを受診した性同一性障害当事者が性別違和感を自覚した時期は、「物心ついた頃から」が半数以上であり、「中学生まで」で約９割を占めていました。特に、学校生活が始まったり、二次性徴が始まったりする小学生〜中学生の頃には、性別違和感がさらに明確になり、特に中学生では、二次性徴による身体の変化への焦燥感に、制服や恋愛の問題が加わり、自殺念慮、自傷・自殺未遂、不登校などは高率になります（表２）。

性別違和感が続くことや、中には、いじめを受けることで、対人恐怖症などの不安障害やうつ等の精神科的合併症につながる例も見られます。

表２．性同一性障害における種々の問題　　　　　　　　　%（人）

	全体	MTF	FTM
自殺念慮	58.6%（676/1,154）	63.2%（268/424）	55.9%（408/730）
自傷・自殺未遂	28.4%（327/1,153）	31.4%（133/423）	26.6%（194/730）
不登校	29.4%（341/1,158）	30.8%（131/425）	28.6%（210/733）
精神科的合併症	16.5%（189/1,148）	25.1%（106/422）	11.4%（83/726）

Q3．性別違和感を生徒から相談されたとき、配慮すべき点を教えてください。

　あなたは「話しても大丈夫、理解してくれる」相手と認識されたということです。まずは、「話してくれてありがとう」と伝えましょう。MTF当事者への調査では、子どもの頃には、性別違和感を「迷ったが伝えられなかった」12.5%、「絶対に伝えまいと思った」75.0%であり、約9割が伝えられていませんでした。

　もし、本人が「親には伝えないでほしい」「ほかの教員には伝えないでほしい」と思っている場合、自殺企図などの緊急性がなければ、伝えずに、まずは話を聞いてください。この時点で誰かに伝えてしまうと、本人との信頼関係を壊し、相談をしてくれなくなることもあります。しかし、あなた一人では抱え込まないでください。本人が納得する形で、一緒に支援する人を増やしていく必要があります。ときには専門家であり、また守秘義務もあるジェンダークリニックの医師などが教員から相談を受けることもあります。

Q4. 性同一性障害の治療について教えてください。

　性同一性障害では、心の性を身体の性に合わせる治療は無効で、無理に行うとうつや自殺につながるとされるため、身体の性を心の性に近づける治療が行われます。日本精神神経学会の性同一性障害診療ガイドラインでは、18歳から男性ホルモンや女性ホルモンによるホルモン療法、及びFTM当事者の乳房切除術が認められています。また、その後も「望む性での生活（Real Life Experience：RLE）」がうまくいっており、経済的準備が整えば、20歳から性器の手術（性別適合手術 Sex Reassignment Surgery：ＳＲＳ）が可能です。

　診療は、精神科医、産婦人科医、泌尿器科医、形成外科医などの医療チーム（ジェンダークリニック）によって行われます。精神科医は、本人や家族から、現在の状態や成育歴を聴取し、性自認を確定し、不安やうつなどの精神状態、学校や職場などにおける社会的な適応状態などを考慮して、身体的治療のスケジュールをコーディネートします。

　精神科受診や診断のための検査は健康保険の適用となる場合が多いのですが、ホルモン療法、手術療法は原則として自費です。2003年の特例法成立後、戸籍の性別変更が可能となり、望む性での就職や結婚ができ、自分のあるべき姿で生きていく人も増えました。しかし、戸籍の性別変更には性別適合手術が条件となっているため、金銭的なハードルとなっており、「お金がなければ、人生のスタートにも立てないのはおかしい」との批判もあります。

Q5. 性別違和感を持つ子どもが治療を希望した場合にどうすればよいのですか？

　学校で相談を受けても放置したり、我慢させたりすると、うつや不登校、自殺などにつながる例もあります。また、ホルモン剤を個人輸入して、自己判断で治療を開始していた生徒などの例もあります。当ジェンダークリニック受診者への調査（2010年）では、18歳以下で受診したMTF当事者の18.9％、FTM当事者の4.3％が自己判断によるホルモン療法をすでに開始していました。

　診断を受けないままホルモン治療を行った場合、MTF当事者の無精子症、FTM当事者のひげや声の低音化などが起きて、もし後悔しても、不可逆性です。また、個人輸入で購入した製剤には、有効成分の不足や有害成分の混入の可能性もあります。さらに、過剰服用しやすく、副作用のチェックもされないため、健康被害が懸念されます。

　二次性徴発現より前である、小児の時期の性別違和感はその後に減弱したり、消失したり、同性愛であることが判明したりする場合もあるため、その段階で治療を始めることはありません。ジェンダークリニックでは、複数の医師が本人や保護者の話を聞くなど、慎重な診断の過程があります。そのような過程を経ずに、すぐにホルモン療法を始め、副作用のチェックもしないような施設は避けなければなりません。

　GID（性同一性障害）学会では、専門的な知識と技術をもつ認定医の養成を始めています。また、相談を受けてくれる施設をホームページ上で公表しています[※]。

※ http://www.okayama-u.ac.jp/user/jsgid/

Q6. 二次性徴抑制療法について教えてください。

　性同一性障害当事者の二次性徴の自覚時期に対して、当事者たちがホルモン療法を始めたかった年齢は、FTM当事者とMTF当事者とでは異なっています（表3）。

表3．ホルモン療法を開始すべきと考える年齢

		FTM（116人）	MTF（47人）
回答時の年齢（歳）		28.4±6.6	32.5±10.2
身体の変化の自覚（歳）	初経 or ひげ	12.8±1.6	15.3±2.7
	乳房腫大 or 変声	12.1±1.7	13.5±1.7
希望する年齢（歳）	GIDの説明	12.2±4.2	10.7±6.1
	ホルモン療法	15.6±4.0	12.5±4.0

中学生以前に性別違和感の始まった当事者のみの検討

　FTM当事者は、二次性徴の発現後でも、男性ホルモン製剤投与により、月経は停止し、ひげが生え、声も低くなります。しかし、MTF当事者では、声変わりをして、ひげが生え、男性的な体型になってから女性ホルモン製剤を投与しても変化は少ないため、その後の生活の質（Quality of Life：QOL）に影響します。

　2012年の診療ガイドライン改訂により、思春期に性別違和感が増強し、家族の同意と治療への協力が得られる場合、二次性徴が始まるタナー分類の2期（12歳頃、個人差により9～14歳）になれば、それを一時的に止める二次性徴抑制療法が認められています。これにより、FTM当事者の月経時の自殺企図、MTF当事者が悩んでいるうちに身体の男性化が進み、その後のQOLが低下することなどを防ぎます。

　その間に慎重に性同一性障害かどうかを診断し、男性ホルモンや女性ホルモンによる治療へと移行します。また、二次性徴抑制療法が行われなかった場合も、専門医が一定期間にわたり慎重に観察して性同一性障害と確定すれば、15歳以降には男性ホルモン、あるいは、女性ホルモンによる治療が可能になります。

Q7. 学校現場ができるサポートについて教えてください。

　文部科学省は、2014年6月、性同一性障害と考えられる子どもの全国調査結果を公表しました。この中で、606例の報告（2013年4～12月の期間の対応例で、報告を望まないケースは除外）があったうち、約6割が対応を受けていたことが明らかになりました（p.124）。これを踏まえ、2015年4月に「性同一性障害の児童生徒へきめ細かな対応を」と通知しています。調査で明らかになった支援に加えて、呼称を工夫する（通知表を含む校内文書を希望する呼称で記す、名簿上、自認する性別で扱う）、自認する性別での運動部参加を認める、戸籍の性別変更後の卒業証明書等の発行には適切に対応する等の具体例についても述べています。

　しかし、子どもによって必要な対応は異なります。「女らしくしろ（男らしくしろ）と言わないでほしい」「いじめを受けないように配慮してほしい」「制服やトイレには配慮してほしい」「先生たちがわかってくれていればそれだけでいい」など様々で、一人の子どもに良かった対応が、別の子どもには苦痛になる場合もあります。画一的なマニュアルはなく、その子どものつらいことへの対応が基本です。

　カミングアウトについても、したい子どももいれば、したくない子どももいます。「カミングアウトしてもらった方が管理しやすいから」という理由で、カミングアウトを強いることは絶対にすべきではありません。文部科学省の通知では、さらに、「教員研修」「チームでの支援」「医療機関等との連携」などの重要性も指摘しています。

性同一性障害に係る児童生徒に対する学校における支援の事例

文部科学省「性同一性障害に係る対応に関する状況調査」(2014) より

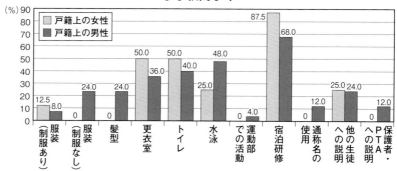

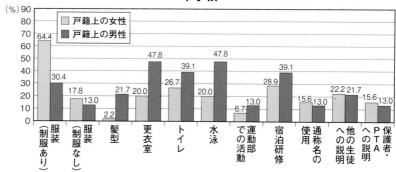

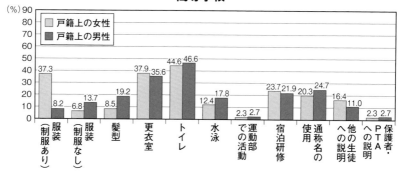

事例

FTM生徒支援の事例
全日制普通科高校 養護教諭

本校は神奈川県にある全日制普通科（単位制）の高校で、約850名の生徒が在籍しています。生徒の多様な学習希望に応える特色ある教育活動を実施しており、学年クラス単位で授業を受けることは少なく、制服がないことも特徴です。

FTM（生まれた性は女性、心は男性）の生徒Aさんの事例

入学式前、本人から校長へ対応の依頼があり、「本人の希望を聞き、学校でできることはできるだけ対応していきましょう」ということで後日、本人と母親、管理職、担任で面談をすることになりました。本人からの要望は以下の3点でした。

①**名前**について：高校に通っている間に改名の予定なので「〇〇」という通称名を使わせてほしい
②**性別**：戸籍上の性別は女だが学校での性別は男にしてほしい
③**トイレ**：障害者用トイレがあるならば使わせてほしい

入学後、ホームルームで自己紹介をした際に、本人の口から「自分は性同一性障害です」という話がありました。クラスメートはさほど驚いた様子はありませんでした。名前の呼び方については、本人の希望により呼び捨てにしましたが、中には「くん」「さん」と区別して呼ぶ先生もおり、本人から「さんづけで呼ばれるのはいやだ」と申し出があったので、早々に教職員で徹底しました。トイレや着替えについては、5月頃までは保健室用トイレなどを使用していました。後でわかったことですが、途中から本人の判断で男子トイレを使用するようになっていました。

治療に関するトラブル

「身体を早く変えて楽になりたい」という気持ちが強いあまり、インターネットで治療に関する情報を得て、1年の頃から親の同意を得ずに治療を開始してしまうということがありました。

まず、1年の5月頃からホルモン注射を打つようになったのです。本来、治療を受けるためには保護者の同意書が必要なのですが、自分で署名したようです。さらに、改名に必要となる診断書を即日発行するクリニックをインターネットで調べて受診し、診断書も取っていました。こちらも保護者の署名が必要なところ、友人に署名してもらったようです（このように、ガイドライン[※1]に沿わない治療を進めてしまう医療機関が存在することをぜひ多くの人に知ってほしいです）。
　これらのことに7月〜8月に母親が気づき、大げんかをした末にAさんは家出をしてしまいました。心配した母親は学校や警察に相談し、数日後、やっと本人と連絡がとれました。養護教諭の立場からは、本人に母親としっかり向かい合って話をするように勧めました。
　その後は母親も本人といろいろと話をして、性同一性障害や治療についての勉強をし、徐々に理解できるようになってきたようです。

治療費を稼ぐために
　1年の7月頃から学校を休むようになり、9月に面談をした際「学校をやめたい」と言い出しました。理由は、ホルモン注射や手術をするためにお金が必要で、昼間はアルバイトをしているため学校に行く時間がないということでした。将来のことを含め、いろいろ話をした結果、退学するかどうかは手術が終わった段階で再度考えるということになりました。11月頃から特定非営利活動法人SHIPによる講演会に参加するようになり、自分の思いを語りながら楽しく活動していたようです。翌年3月に乳腺摘出手術をして、2年に進級した4月から再び登校を始めました。
　乳腺摘出手術は本人にとって非常に大きな満足感を得られた出来事だったようで、しばらくは気持ちが落ち着いていたようです。しかし、その他の手術を受け、ゆくゆくは戸籍変更をしたいという思いが強く、手術費用を手軽に捻出するために、6月頃からネットビジネスにはまるようになりました。インターネットで知り合った人に直接会って話を聞いたり、セミナーに参加したり、高額な料金を払わされそうになるなどのトラブルにも巻き込まれていたようです。

ネットビジネスに反対の母親とはけんかが絶えず、あるとき、怒りが爆発して母親の前で首つり自殺を図ったこともありました。

　その後は進路などを含めて様々なことを検討した結果、現在は担任と相談の上で休学しています。地方での住み込みのアルバイトなどをして気持ちを落ち着けてがんばっている様子の報告を受けています。

苦労した点
　２年の８月に宿泊を伴う研修旅行がありました。そのために４月から話し合いを重ね、最終的には本人と母親の希望を聞いた上で男子生徒と一緒の部屋割りとなりました。同室になる生徒へも事前に事情説明をして了解を得たのですが、その事情説明をする際も、どこまで話すか、同室生徒の保護者にはどうするかなど、担任、学年主任、養護教諭、教育相談コーディネーター[※2]、管理職で何度も話し合いをしました。

　ホルモン治療については、先述のガイドラインに沿わない治療をするクリニックから、信頼のおける医療機関に転院して現在も治療を続けています。Ａさんの性格的なところや、ホルモン治療等の影響により気分が不安定・うつ状態になることが多く、担任や養護教諭が面談等でこまめに、多くの時間をかけて対応を進めてきました。

今後について
　性別違和のある生徒の中には、Ａさんのように性別適合手術を急ぐ気持ちが高まり、インターネットの情報で短期間に治療をする方向に誘導されてしまう子どももいて、ガイドラインに沿わない治療に手を出してしまうことが少なくありません。そのようなときに、本人および保護者をいかに支えるかということについて学校現場の果たす役割は少なくありません。

　また、学校では性別の違和感を軽くする支援が必要です。トイレや着替え等の物理的な支援も大事ですが、それよりもまず本人の話を聴く等、できることからやっていく姿勢が重要だと考えています。

※１　「性同一性障害に関する診断と治療のガイドライン（第４版）」
　　　https://www.jspn.or.jp/uploads/uploads/files/activity/journal_114_11_gid_guideline_no4.pdf
※２　各学校で児童生徒への支援に取り組む際に、課題解決に向けた推進役となる教員のこと。

> 事例

性別違和のある子どもへの対応について
小学校から高校入学までの学校との連携

保護者

　子どもが小学校3年生のとき、学校の養護教諭から「○○さん（娘）の心の性は男の子なのではないか」と指摘があり、性別違和について調べました。
　本人も前から「男の子になりたい」と言っていたので、自分にも思いあたるところはあったのですが、指摘されるまでは見ないふりをしていた気がします。
　しかしネットで調べてみると、性別違和を抱える人の自傷率についての記述などがあって不安になり、早いほうがいいと、紹介してもらった性同一性障害の専門家がいるという病院の精神科へ通院を開始しました。現在も年に3、4回のペースでカウンセリングを受けています。

中学校での対応
　入学前の1月頃に校長、養護教諭、教育委員会の方と主治医の先生を交えて面談をし、男子の制服で通学することに決まりました。
　また、校長が在校生、その保護者、そして同級生になる新入生へも場を設けて事情を説明してくれたことで、スムーズに学校へ受け入れてもらうことができました。入学後も定期的に面談をして、治療のことなどを担任や養護教諭の先生に報告していました。
　体育着に着替えるときは保健室で行うこと、生徒は全員「さん付け」に統一することなどの具体的対応もありましたが、多くの同級生は小学校からのもち上がりで、うちの子どものことをよく知ってくれていたため、特にトラブルもなく学校生活を送ることができたようです。

高校入学
　高校は本人の希望もあって、私服で通える、地元から離れた高校を選びました。入学前に校長に相談をし、男子生徒として通ってい

ます。その高校には同じような事情をもつ生徒がすでに何人かいるようで、男子生徒として登校することについても快く受け入れてもらえました。

地元の同級生は良くも悪くも子どもの事情を知っているため、本人としてはまったく新しい環境で男子生徒として過ごせることがうれしいようです。

単位制の高校のため、体育は選択制、修学旅行などもないため、特別な対応はしてもらっていません。体形があまり男性的でないことについてなどは、本人が「これから成長するんだよ」などといって乗り切っているようです。

最後に

小学校から高校まで、良い環境に恵まれたことで、特にいじめなどを受けることもなく子どもが成長してこれたことに、とても感謝しています。

特に中学校入学前に、校長先生から在校生とその保護者に向けて説明をしておいてくれたことはとてもありがたかったです。

自分は今も「娘」と言ってしまうこともあるのですが、性別が女であっても男であっても大事な子どもであることに変わりはありません。ただ、本人にとっては「男」であることが自然なのだなと理解しています。

主治医の先生と相談をしながら、いずれは治療も受けられるようにと準備を進めています。まずは名前について響きはそのままに、漢字を男性的なものに変更する手続きをしようと話しています。

資料編　高等学校でのセクシュアリティ授業例

　ここでは p.90 にてご紹介した、高等学校でのセクシュアリティ授業例の資料をご紹介します。全2時間での授業例になっていますので、2時間続けて行う、2週間に分けて行うなどアレンジしてお使いください。

```
1時間目の流れ…p.130～131
2時間目の流れ…p.132～133
2時間目の配布資料…p.134～135
2時間目における教師の発問例…p.136～137
振り返りシート…p.138～139
```

【セクシュアリティ授業案：1時間目（セクシュアルマイノリティ当事者の方を招いての授業）】

日時／場所	LHRの時間に体育館で行うことを想定。	準備等	■事前準備 ・セクシュアルマイノリティのゲストスピーカーの方への質問項目を生徒から集める。 ・保健委員の生徒と打ち合わせをする。 ■当日 PC、プロジェクタ、マイク（2本）、椅子、振り返りシート（p.138）
ねらい	\multicolumn{3}{l}{・セクシュアリティという概念を学び、基本的人権として尊重する態度を育てる。 ・多様なセクシュアリティを知り、違いを尊重し合う姿勢を育てる。 ・主体的によりよい集団（関係）、社会を築いていこうとする態度を育てる。}

時間（分）	活動	教員の働きかけ	学習内容・活動
3 6		整列指導 ①本時のねらいとルールを確認する ②導入　たんぽぽは何色？	体育館への移動、整列 ○動物の色覚が人間とは異なる、という話をきっかけに自分の見えている世界が当たり前ではなく、他者の見ている世界も間違いではないことに気づく。

10	セクシュアリティ理解	③セクシュアルマイノリティの解説をする	○著名人の事例などから、性は男女の2つだけに単純に分けられず、さまざまなマイノリティの方がいることを知る。
15		④セクシュアリティと性の権利の概念を説明する	○セクシュアリティを構成する要素を知り、セクシュアリティが一人ひとりに固有のものであり、性の権利が尊重されることを理解する。
20		⑤セクシュアリティをめぐる世界的な状況を紹介する	○同性婚等をめぐる各国の状況を知り、社会の在り方について様々な考え方があることを知る。
35	ゲストスピーカーの話	⑥セクシュアルマイノリティのゲストスピーカーのスピーチ後に公開インタビューをする ・事前アンケートの「生徒からの質問」をもとに保健委員がインタビュアーとして話をきく。	○セクシュアルマイノリティの方の想いを聞き、日本の状況や、これまでの自分自身の行動等を振り返る。
		⑦セクシュアリティの尊重には何が必要か問いかけ、次回の授業へ向けて問題提起をする。	○セクシュアルマイノリティに限らず、セクシュアリティの尊重が個人の幸せに重要であることに気づく。
40	振り返り	⑧振り返りの説明をする	教室で振り返りシート(p.138)に記入する。

期待する生徒像	・セクシュアリティは個人の要素(身体、認知、性的指向)と社会的な側面(ジェンダー、生育環境、法律等)との相互作用で形成されていること、および性の権利としてその多様性が尊重されることを理解できる。 ・セクシュアルマイノリティについて科学的に理解し、ゲストスピーカーの話に敬意をもって耳を傾けることができる。 ・セクシュアリティへの理解を通じて、国や文化を背景とする多様な価値観や規範について、客観的に考えを深めると同時に、自分なりの意見をもつことができる。

	【セクシュアリティ授業案：2時間目】		
日時／場所	LHRの時間に各HR教室で行うことを想定。	準備等	・ワークシート（p.134〜135） ・投票用紙、投票用袋 ・振り返りシート（p.139）
ねらい	・自身のセクシュアリティについて考え、自己理解を深める。 ・他者のセクシュアリティを知ることで、違い等に気づき、多様性を尊重し合う姿勢を育てる。 ・主体的によりよい集団（関係）、社会を築いていこうとする態度を育てる。		

時間	活動	教員の働きかけ	活動内容
（分） 3 5 10 15	自己理解・他者理解	※p.136 教師の発問例参照 ①前回（p.130）のセクシュアリティ授業の復習 ②本時のねらいを確認する ※ワークシート、投票用紙を配付 ③ワークシート 　（1）個人ワーク ※投票用袋を準備 ※個人ワークの説明時、異性愛および恋愛することが前提で話をしないように留意する ↓ ・投票袋の中から、10人分の投票用紙を無作為に選び、周囲の生徒の協力も得ながら、黒板に書き出す。 ④ワークシート 　（2）全体ワーク	投票用紙に各自で記入する。 ・ポイントはコインのように使う。 ・「自分の重要度」を投票用紙に記入したら投票袋に入れる。 ワークシートに気づいたことを記入する。 ・黒板に書かれた他生徒の重要度を見て、気づいたこと、感じたこと等をワークシートに記入する。

20	関係性	⑤ワークの振り返りを行う ・3〜4人にワークシートに記入したことを発表してもらう。	何人かに気づいたことを発表してもらう。 ・セクシュアリティの多様性に気づく。 ・自分のセクシュアリティは尊重されることを知る。
25		⑥ワークシート （3）グループワーク ※異性愛前提で話をしないように留意する ※机を4人1組に合わせる ※机間指導 ・例をヒントに、セクシュアリティを尊重し合う関係には何が必要か考える。 ・最後に各グループで出ていた意見をいくつか紹介する。	グループで考える。 ・二つのカップルの例について、どんなアドバイスができるかをグループで話し合う。 ・正解はないので、意見を出し合うことを目的とする。
40		⑦ワークシート （4）個人ワーク ※机を元の位置に戻す ・生徒同士で見せ合うことはしないので、安心して書いてよいことを伝える。	ワークシートに各自で記入する。 ・ワークシートの（4）について個人で考える。
45		⑧振り返りの説明をする	振り返りシートに各自で記入する。

期待する生徒像	・自分の理想とするパートナーシップを考えることを通じて、自身のセクシュアリティへの理解を深める。 ・全体ワークを通じて、ほかの人と異なる自分固有のセクシュアリティを大切にする意識をもつことができ、同時にほかの人のセクシュアリティも同じように尊重されることに気づく。 ・グループワークを通して、個々のセクシュアリティを尊重しながら関係を良好に保つには、相手を知ろうとすること、話すこと、聴くこと、自分も相手も思いやること等が重要であることに気づく。

探究！　セクシュアリティ

氏名　_____

（1）個人ワーク　どんな相手と　どんな関係が理想かな？

将来自分がお付き合いをするとしたら、どんな相手と、どんな関係でいることが大切になるでしょうか？
次に挙げた①〜⑯の項目の中から、あなたが重視する項目を選び、その重要度に応じてポイントをつけてみましょう。
あなたの保有ポイントは 40pt、30pt、20pt、10pt の全部で 100pt です。
投票用紙に、選んだ項目、pt 数を記入しましょう。
一つの項目に複数の pt を入れても OK です。

① 趣味や価値観が似ている
② ユーモアがある
③ 甘えたり、甘えられたりする
④ 困難や悩み事があるとお互い相談する
⑤ 容姿やスタイルが好み
⑥ 泣いたり怒ったり素直な感情をぶつけ合える
⑦ お互いの性格をよく理解している
⑧ 家事ができる
⑨ 独占したり、独占されたりする
⑩ 友達や親など身近な人にもオープンでいられる
⑪ 経済力がある
⑫ お互いに日常的な行動を把握している
⑬ お互い干渉し合わない適度な距離感を保つ
⑭ スポーツが得意
⑮ キスやハグなどのふれあいが多い
⑯ 友人が多い

〈自分の重要度（メモ）〉　※pt の高い順に左から書いてください

選んだ項目とポイント数を記入（最大 4 項目）							
項目	pt数	項目	pt数	項目	pt数	項目	pt数

（2）全体ワーク　ほかの人は何を選んだのかな？

自分の重要度とほかの人の重要度を見て、気付いたこと、感じたこと

（3）グループワーク　お互いのセクシュアリティを大事にしながら付き合っていくには、どうしたらいいのだろう？

付き合っている二人でも、お互いが大事にしたいことの違いが気になってくることは、実際よくあるでしょう。次の二組のカップルも、お互いの本音を知らずに、少し関係がぎくしゃくしています。どんなアドバイスができるでしょうか？　グループで考えてみましょう。

〈「④困難や悩み事があるとお互い相談する」を重視するAさんと、そうではないBさんの場合〉

自分は、付き合っているならお互いの悩み事とかを相談し合えるのがいいです。Bさんがいまどんな状況なのか知りたいし、もし何かに困っていたとすれば、支えになれないのは寂しい。どうして話してくれないのかな？　付き合ってる意味あるのかな？

自分は、いま悩んでることとかを、二人の関係には持ち込みたくないって思います。二人でいる時間は楽しく過ごしたいし、心配かけるのも嫌だから。あとは正直、話してもしょうがないようなこともあるかなって。

〈「⑮キスやハグなどのふれあいが多い」を重視するCさんと、そうではないDさんの場合〉

自分は好きだったらやっぱりある程度イチャイチャしたいって思う。そういう時間が癒しで幸せだし、救われる気持ちがするから。
Dさんは、付き合うのは自分が初めてで、少し気まずい空気もあるから、やっぱり自分がリードした方がいいのかな。

Cさんは前にも付き合っていた人がいて、キスとか、いろいろ経験あるみたい。やっぱり自分もそういうことしないといけないのかな？
もちろんCさんのこと好きだけど、正直踏み切れない気持ちもあって、ちょっと気まずいときもあるんだ。

〈Aさん・Bさんの場合〉	〈Cさん・Dさんの場合〉

（4）個人ワーク　将来の自分に向けてメッセージ！

何を大事にして、どんなふうになっていたいかな？

2時間目の授業における教師の働きかけ・発問例

①	・先週のセクシュアリティ授業を思い出してみてください。「セクシュアリティ」とは、ただ単に身体や心の性別だけではなくて、**個人の価値観や生き方の"性に関わるすべて"**を表すものです。その中には、自分の性をどのように生きていくか、恋愛をするか、誰を好きになるか、いつ誰と性の関係をもつのか、それはどんな関係か、といったことも含まれます。そして、これらは、人格として尊重されるべき、と考えられるようになってきたということでしたね。 ・そして、その後各国のセクシュアルマイノリティへの対応の違いや、セクシュアルマイノリティのゲストスピーカーのお話を聴いて、日本の状況や社会の在り方について、それぞれが考えてくれたと思います。
②	・2回目の今日は、「**自分のセクシュアリティはどのようなものか**」を考えてもらいたいと思います。 ・そしてさらに、ほかの人のセクシュアリティはどのようなものかを知って、お互いのセクシュアリティを大事にする関係をどのように築いていったらよいのか、ということを考える機会にしたいと思います。
③	・自分のセクシュアリティを考える手がかりとして、今日は、将来自分がお付き合いするとしたら、どんな相手と、どんな関係を築きたいかを考えてもらいたいと思います。 ・今はまだ想像できないとか、そういう話は苦手、興味がないという人もいるかもしれません。それもいたって普通のことです。ですが、5年後、10年後には人生を左右する大きな事柄になっている可能性もありますし、ほかの人たちの考えを知るチャンスでもあるので、できる範囲で考えてみてください。 ●ワークシート・投票用紙　配付 ・<u>将来自分がお付き合いをするとしたら</u>、どんな相手と、どんな関係でいることが大切になるでしょうか？ ・次に挙げた①～⑯の項目の中から、あなたが重視する項目を選び、その重要度に応じてポイントをつけてみましょう。あまり難しく考えずに直感的にやってみてください。 ・あなたの保有ポイントは 40pt、30pt、20pt、10pt の全部で100pt です。1つの項目に複数のポイントを入れても構いません。ただし、例えば 40pt を 15pt と 25pt に分けて入れる、というようなことはしません。図のように一つのコインのようなイメージで使ってください。ですから最大4項目選ぶことになります。 ・今配られた投票用紙に記入して、書けた人から前の投票袋にいれてください。 ・あとでこの袋の中から無作為に10人分を取り出して、見比べてみたいと思います。誰が書いたかはわからないので、安心してください。自分の重要度をワークシートにもメモしておくと、見比べるときにわかりやすいです。 ・時間は「○分」までを目安とします。（5分間程度）
④	・では、あとの作業の時間もあるので、まだ出していない人は書けたところまでで出してください。こういうことを考えるのに時間がかかる人とかからない人がいるということも、大事な学びです。 ・今から、10人分を私（先生）が無作為に選びます。 ・○○さんと××さん（生徒2名ほど）は黒板に書き写すのを手伝ってください。 ・ほかの人は、自分の重要度と他の人の重要度を見て、ワークシートの（2）に、そこから気づいたことや感じたことを書いていきましょう。（3分程度）
⑤	自己のセクシュアリティを理解する ・さあ、ではどんなことを感じたか、何人かの人に聞いてみたいと思います。（3～4人に発言してもらう） ・今言ってくれたように、……（発言をまとめる：違いに気づく感想が多いことが予想される）。 ・今日みんなに考えてもらった、「どんな人と、どのような関係を持ちたいのか」というのもセクシュアリティのひとつの要素です。実際には、先週学んだように「セクシュアリティ」には、

	さらにたくさんの要素が含まれるので、いま体験してもらった以上に、一人ひとり異なります。人と違う、独自なものだからこそ「ありのままのあなた」に価値があるのです。何が正しいとか、優劣ではありません。 ・そして、セクシュアリティは人格の一部であり、人生を左右するほど大切なものです。**まずは自分のセクシュアリティに気づいて、それを大事にしていく**。これがみんなに期待されることです。しっかりと覚えておいてください。
⑥	<u>セクシュアリティの違いを尊重しながら付き合うには？</u> ・さて、次にこのワークからみんなに考えてもらいたいことは、このように異なる、それぞれ大切なセクシュアリティを持った人同士が、お付き合いをして、良い関係を続けていくにはどうしたらよいのか、ということです。 ・ワークシート（3）を見てみてください。付き合っている2人でも、いまのワークで体験したように、セクシュアリティは一人ひとり違います。価値観が似ている！と思ってお付き合いをしたとしても、まったく同じ価値観の人はいないので、お互いが大事にしたいことの違いが気になってくることは、実際よくあるでしょう。 ・ワークシートには、先ほどのワークの選択肢にあった〈「④困難や悩み事があるとお互い相談する」を重視するAさんと、そうではないBさんの場合〉と〈「⑮キスやハグなどのふれあいが多い」を重視するCさんと、そうではないDさんの場合〉の二組のカップルの例が出ています。 　この二組のカップルは、いまお互いの本音を知らずに少しぎくしゃくしています。どんなアドバイスができるでしょうか？　グループで話し合って考えてもらいたいと思います。 ・それでは、4人ずつ机を合わせてグループをつくりましょう。 ・これには正解はありませんので、どんな意見でも構いません。 ・グループで出た意見をワークシートにメモしておきましょう。 ・時間は「○分」までを目安とします。（10分間程度） ●**机間指導** ※もし話し合いが難しいグループがあれば、考える切り口のヒントを出す。（実践校では1年時の総合的な学習の時間でアサーションを学習しているので、それを思い出すよう伝えている。） ・はい、では時間になりましたので、話をやめて机を元の位置に戻してください。 <u>グループワークで出ていた意見を紹介する</u> ・みんながグループで話しているのを、見させてもらいましたが……（グループで出ていた意見をいくつか紹介する）といった意見が出ていました。（グループごとに発表させても良い） （相手を知ろうとすること、話すこと、聴くこと、自分も相手も思いやること等が重要であることなどに気づけることを期待している。） ・グループワークに対する担任からのコメント 　（例：みんな慣れない話題でしたが、よく話し合いが出来ていましたね。等）
⑦	<u>セクシュアリティの違いを体感した上で、もう一度自分のセクシュアリティを考える</u> ・最後は、最初のワークと、いまグループで話し合ったこと、ほかのグループの意見も踏まえて、現時点での自分の価値観を、将来の自分へ向けてのメッセージとして書いてみましょう。 ・何を大事にして、どんなふうになっていたいかな？　ということをヒントにすると書きやすいかもしれません。 ・これは生徒同士で見せ合ったりすることはないので、安心してください。
⑧	・ワークシートの記入が終わった人から、これから配る振り返りシートで、今日の授業について振り返りをお願いします。 ●**振り返りシート（次ページ参照）配付**
	●**ワークシート、振り返りシート回収**

セクシュアリティ授業(第1回) 振り返りシート

組 □　番号 □　氏名 [　　　　　　　　　]

☆**今日のセクシュアリティ授業について、振り返りをしましょう。**

1　自分の取組について「当てはまらない　1点」から「よく当てはまる　5点」まで、該当する番号のマークを塗りつぶしてください。

(1)	興味を持って参加することができた。	1○	2○	3○	4○	5○
(2)	「セクシュアリティ」について理解することができた。	1○	2○	3○	4○	5○
(3)	自分自身について考えることができた。	1○	2○	3○	4○	5○
(4)	自分とは違う他者について考えることができた。	1○	2○	3○	4○	5○
(5)	よりよい関係づくりについて、考えることができた。	1○	2○	3○	4○	5○
(6)	よりよい集団・社会のあり方について考えることができた。	1○	2○	3○	4○	5○

2　今日のセクシュアリティ授業を通して感じたこと、考えたことを自由に書いてください。

3　個人のセクシュアリティと社会との関わりについて、あなたの考えを書いてみましょう。

セクシュアリティ授業（第２回）　振り返りシート

組 ☐　番号 ☐　氏名 ☐

☆**今日のセクシュアリティ授業について、振り返りをしましょう。**

1　自分の取組について「当てはまらない　1点」から「よく当てはまる　5点」まで、該当する番号のマークを塗りつぶしてください。

(1)	興味を持って参加することができた。	1○	2○	3○	4○	5○
(2)	「セクシュアリティ」について理解することができた。	1○	2○	3○	4○	5○
(3)	自分自身について考えることができた。	1○	2○	3○	4○	5○
(4)	自分とは違う他者について考えることができた。	1○	2○	3○	4○	5○
(5)	よりよい関係づくりについて、考えることができた。	1○	2○	3○	4○	5○
(6)	よりよい集団・社会のあり方について考えることができた。	1○	2○	3○	4○	5○

2　今日のセクシュアリティ授業で印象に残ったことを自由に書いてください。

3　前回と今回のセクシュアリティ授業を通じて考えたこと、感想などを書いてください。

さくいん

あ
アウティング………………**97**, 101, 105
アセクシュアル（無性愛）……**17**, 118

か
カミングアウト………………………
　39, 44, 47, 49, 50, 51, 52, 55, 56, 59,
　60, 68, **72**, 73, 74, 75, 76, 86, 98, 100,
　105, 108, 110, 123
クエスチョニング………**11**, 14, 22, **30**
ゲイ……………………………………
　14, **16**, **20**, 34, 36, 42, 54, 63, 66, 94,
　105, 106, 108, 111, 118
心の性…………………………………
　8, **9**, 10, 14, **25**, 27, 63, 78, 79, 117, 120

さ
社会的性……………………………117
身体の性………………………………
　8, **9**, 10, 14, 27, 63, 78, 79, 117, 120
好きになる性………8, **10**, **15**, 28, 64
性自認…………………………………
　9, **25**, 26, 27, 28, 30, 78, 86, 97, 114,
　117, 118
性的指向………………………………
　10, **15**, 17, 22, 28, 30, 34, 66, 78, 79,
　86, 97, 98, 99, 109, 118, 131
性同一性障害…………………………
　25, 26, 27, 38, 40, 50, 51, 59, 60, **78**,
　79, 80, 81, 82, 84, 97, 114, 115, 117,
　119, 121, 122, 123, 124, 125, 127, 128
性分化疾患………………………**9**, 118
性別違和（感）………………………
　78, 80, 98, 99, 100, 114, 117, 118, 119,
　122, 127, 128
性別適合手術………26, **80**, 120, 127

性別表現………………8, **10**, 64
性役割………………**10**, 78, 117, 118
セクシュアリティ……………………
　8, 10, 11, 12, 14, 34, 36, 42, 43, 44,
　49, 60, 63, 68, 69, 70, 71, 72, 73, 74,
　76, 84, 85, 86, 89, 90, 91, 92, 93, 94,
　99, 100, 101, 102, 104, 110, 111, 130,
　131, 132, 133, 134, 135, 136, 138, 139

た
トランスジェンダー…………………
　14, 20, **25**, **28**, 38, 50, 58, 63, 73, 92

な
二次性徴抑制療法………80, 81, 123

は
バイセクシュアル……………………
　14, **16**, **22**, 28, 34, 47, 106, 108, 118
ヘテロセクシュアル（異性愛）………
　15, 57, 118

ら
レズビアン…14, **17**, **18**, 34, 46, 47, 118

A〜Z
ＤＳＤｓ……………………**9**, 118
FTM（Female to Male）……………
　25, 28, 38, 50, 53, 78, 79, 80, 116, 117,
　118, 119, 121, 122, 125
ＨＩＶ………55, 64, 104, 105, **107**, 108
MTF（Male to Female）……………
　25, 28, 58, 60, 78, 80, 117, 121, 122
Ｘジェンダー……………………28

あとがき

「これまでの人生で出会ったことがない」
　セクシュアルマイノリティではない人の多くが口にする言葉です。
　小中高の学齢期・思春期のセクシュアルマイノリティ当事者にも「自分以外のセクシュアルマイノリティに出会ったことがない」、「自分以外にこんなことを考えている人はいないと思っていた」などと表現する人が多くいます。
　しかしセクシュアルマイノリティは20人に1人はいるといわれていますから、それは「出会ったことがない」ではなく、「出会っていたけれども気付かなかった」である可能性が高いのです。
　この本を読んで、LGBTなどセクシュアルマイノリティといわれる人はきっと身近にいる、ということや、多数派でないことは別におかしなことではないということに気づいてもらえたら幸いです。

　また、この本は5章から学校の先生に向けた内容になっています。
　学校の先生方もまた、セクシュアルマイノリティについて「これまでの教員生活で受け持ったことがないので実感がわかない」とおっしゃることがあります。しかしその多くもまた、「出会ったことがない」ではなく「児童生徒の側からそのことを話してもらう機会がなかった」ということでしょう。
　思春期の子どもたちにとって自分のセクシュアリティについて悩むのはとても不安なことです。そんな時、子どもたちは「どの先生なら偏見や誤解なく味方になってくれるだろう？」と考えるでしょう。
　大切なのは「どの子が当事者か」を探すことではありません。他者のセクシュアリティに偏見や誤解のない環境を作ることが、セクシュアルマイノリティの子どもを支援することに繋がります。また、セクシュアルマイノリティの子どもにとって過ごしやすい環境を作るということは、全ての子どもにとって「誰も疎外されない」、自己肯定感を育む環境になるはずです。
　この本がその一助となれば幸いです。

　　　　　　　　　　　　　　　　　　　　　　　　日高　庸晴

参考文献

◆ セクシュアリティ、LGBT 全般
「LGBT ってなんだろう？ーからだの性・こころの性・好きになる性」合同出版／著：薬師実芳、笹原千奈未、古堂達也、小川奈津己（2014）
「ゲイのボクから伝えたい「好き」の？（ハテナ）がわかる本 ーみんなが知らない LGBT ー」太郎次郎社エディタス／著：石川大我（2011）
「はなそうよ！恋とエッチ　みつけよう！からだときもち」生活書院／著：すぎうらなおみ、えすけん（2014）

◆ 同性愛
「同性愛がわかる本」明石書店／著：伊藤悟／編集：すこたん企画（2000）
「ボクの彼氏はどこにいる？」講談社／著：石川大我（2009）

◆ 性同一性障害
「プロブレムＱ＆Ａ　ー性同一性障害って何？（増補改訂版）ー 一人一人の性のありようを大切にするためにー」緑風出版／著：野宮亜紀・針間克己・大島俊之・原科孝雄・虎井まさ衛・内島豊（2011）

◆ 先生方向け参考図書
「季刊 SEXUALITY」No.66「いま、生涯の性を見つめなおす」エイデル研究所（2014）
「セクシュアル・マイノリティへの心理的支援 ー同性愛、性同一性障害を理解するー」岩崎学術出版社／編者：針間克己、平田俊明（2014）
「セクシュアルマイノリティ（第３版）」明石書店／編著：セクシュアルマイノリティ教職員ネットワーク、著：ロニー・アレキサンダー、池田久美子、生駒広、木村一紀、黒岩龍太郎、土肥いつき、宮崎留美子（2012）

◆ DVD
中学・高校生向け「10 分でわかる！思春期の恋バナ！」制作：SHIP
教員・企業向け「あなたがあなたらしく生きるために　性的マイノリティと人権」制作：法務省人権擁護局

セクシュアルマイノリティのコミュニティ紹介

「北海道レインボー・リソースセンター L-Port（エルポート）」（北海道）http://www.l-port.org
「性と人権ネットワーク ＥＳＴＯ」（秋田）http://estonet.info/
「SHIP にじいろキャビン」（横浜）　http://www2.ship-web.com
「すこたんソーシャルサービス」（東京）　http://www.sukotan.com
「NPO 法人レインボーコミュニティ coLLabo」（東京）　http://www.co-llabo.jp
「特定非営利活動法人 PROUD LIFE」（愛知）　http://www.proudlife.org
「QWRC くぉーく」（大阪）　http://www.qwrc.org
「NPO 法人 LGBT の家族と友人をつなぐ会」（神戸・東京・福岡・名古屋）http://lgbt-family.or.jp
「PROUD」（香川）　http://proud-kagawa.org
「レインボープライド愛媛」（愛媛）　http://rainbowpride-ehime.org/
「FRENS」（福岡）　http://blog.canpan.info/frens/
「ともに拓く LGBTIQ の会くまもと」（熊本）　http://ameblo.jp/2013hirakukai/
「ピンクドット沖縄」（沖縄）　http://pinkdotok.com

同性愛者等に対してHIV感染症・エイズに関する情報提供を行うためのコミュニティセンター	
「ZEL」（仙台）http://sendai865.web.fc2.com/	「dista」（大阪）http://www.dista.be/
「akta」（東京）http://www.akta.jp	「haco」（福岡）http://loveactf.jp/haco/
「rise」（名古屋）http://aln.sakura.ne.jp	「mabul」（沖縄）http://nankr.jp/

→相談窓口の紹介は p.77　　　　　　　　　　　　　　　　（2015 年 12 月現在）

著者紹介

■監修／著者

日高 庸晴（ひだか やすはる）

宝塚大学看護学部教授。
京都大学大学院医学研究科博士後期課程社会健康医学系専攻修了、博士（社会健康医学）。カリフォルニア大学サンフランシスコ校医学部エイズ予防研究センター研究員、財団法人エイズ予防財団リサーチレジデント・流動研究員、関西看護医療大学看護学部専任講師、宝塚大学看護学部准教授を経て現職。
行動疫学調査に社会心理学的手法を援用した学際的社会調査を通じて、社会的マイノリティの健康課題に関する調査を数多く実施している。

■著者

星野 慎二（ほしの しんじ）

特定非営利活動法人 SHIP 理事長。
2002年12月に性的マイノリティの支援団体「横浜 Cruise ネットワーク（現在、特定非営利活動法人 SHIP）」を設立。2007年9月には神奈川県との協働事業により性的マイノリティの支援施設「かながわレインボーセンター SHIP」を開設。2010年から2015年10月までに学校・行政などで160回の講演を行う。
2012年4月～2013年3月　横須賀市人権施策推進会議委員。
2015年1月　横浜弁護士会 人権賞 受賞。

長野 香（ながの かおり）

臨床心理士。セクシュアルマイノリティの電話相談やカウンセリングに携わる。特定非営利活動法人 SHIP、カウンセラー。SHIPでは同性愛、性別に違和感がある等のセクシュアルマイノリティの方やその家族のカウンセリング、サポートグループのファシリテーターを担当。

福島 静恵（ふくしま しずえ）

神奈川県立高校養護教諭。セクシュアリティに悩む生徒たちに出会った経験から、保健室に来室する生徒だけでなく、すべての生徒に予防的に関わりたいという想いで集団指導にも積極的に取り組んでいる。県立総合教育センターの長期研究員としてもセクシュアリティをテーマに研究（2014年度）。

LGBTQを知っていますか？		"みんなと違う"は"ヘン"じゃない
2015年12月17日	初版第1刷発行	
2020年4月10日	第4刷発行	
監 著 者	日高 庸晴	
著　　者	星野 慎二 ほか	
発 行 人	松本 恒	
発 行 所	株式会社 少年写真新聞社	
	〒102-8232　東京都千代田区九段南4-7-16	
	市ヶ谷KTビルI	
	TEL 03-3264-2624　FAX 03-5276-7785	
	URL https://www.schoolpress.co.jp／	
印 刷 所	図書印刷株式会社	
	©Yasuharu Hidaka, Shinji Hoshino 2015, 2020 Printed in Japan	
	ISBN978-4-87981-547-7　C0037	

スタッフ／編集：森田 のぞみ　DTP：木村 麻紀　校正：石井 理抄子　イラスト：中村 光宏　編集長：東 由香

本書を無断で複写・複製・転載・デジタルデータ化することを禁じます。
乱丁・落丁本はお取り替えいたします。定価はカバーに表示してあります。